中道
袖珍版

曾仕强 ◎ 著

北京联合出版公司
Beijing United Publishing Co.,Ltd.

图书在版编目(CIP)数据

中道:袖珍版/曾仕强著.—北京:北京联合出版公司,2021.5
 ISBN 978-7-5596-4895-2

Ⅰ.①中… Ⅱ.①曾… Ⅲ.①管理学—中国—通俗读物 Ⅳ.①C93-49

中国版本图书馆CIP数据核字(2021)第038136号

中道:袖珍版

作 者:	曾仕强
出 品 人:	赵红仕
选题策划:	北京时代光华图书有限公司
责任编辑:	徐 鹏
特约编辑:	太井玉
封面设计:	新艺书文化

北京联合出版公司出版
(北京市西城区德外大街83号楼9层   100088)
北京时代光华图书有限公司发行
天津市祥丰印务有限公司印刷   新华书店经销
字数145千字   880毫米×1230毫米   1/64   5.75印张
2021年5月第1版   2021年5月第1次印刷
ISBN 978-7-5596-4895-2
定价:58.00元

版权所有,侵权必究
未经许可,不得以任何方式复制或抄袭本书部分或全部内容
本书若有质量问题,请与本社图书销售中心联系调换。电话:010-82894445

序

管理有其普遍性，也有其特殊性。管理科学本无国界，可用于西方，亦可用于东方，从这一普遍性角度来看，实无所谓美国式、日本式或中国式的管理。然而，各民族有各自的文化背景，管理哲学因受文化变数的影响，会产生不同的理念。就这一特殊性的取向而言，美国式、日本式、中国式管理，显然是实际存在而无法否定的事实。

同一民族未必有一致的理念。同样是中国的企业家，也各有一套经营理念，既不能也不必加以统一，特别是中国式管理更加复杂。由于各有一套经营理念，形成了各自的经营管理方式，至少证明了经营理念控制经营管理方式这一无形却甚为有力的法则。

西方人谈管理，必须理论架构严谨，工具、方法一应俱全。中国人谈管理，大多注意理念的把握，虚以控实，使工具、方法在"虚"的经营理念之下，发挥宏大的功效。

管理的对象很多，但终究离不开人，所以是人本的。管理要求人性化，在全世界对人性研究最深入的中国哲学领域里，寻找出中国人的经营理念，应该是十分恰当可行的。

管理者最好具有哲学素养，至少要反省自己的经营理念。中国人非常重视反省，希望大家核查经营理念是否符合"中国经营理念"的共识。我们把这一共识叫作"经"，每个人执经达权，以不变应万变，才能万变不离其宗，既能因应时空的变迁，又可以坚持原有的根本精神，因而大同小异，在和谐中各自发展。

中国的经营理念概括起来，就是一个"道"字。"道"是十分微妙的，很难看得清楚。"道"即所由的路。熟悉道路的行人，闭着眼睛走，也会发生意外；不熟悉道路的行人，摸索了老半天，仍不免迷路。行走时专心看着路，可能反而会碰撞到别的东西；行走时不专心看着路，也可能一不小心绊倒在地上。然而，我们又不能因为"知者过之，愚者不及"，便否认"道"的存在，否定"道"的价值。

"道"虽然微妙而不显著，却是相当易简的。管理之道，尤其要易知易行，才有实用价值。我们综合起来，提出安人之道、经权之道和絜矩之道三个向度，建构了适合中国民族性的M理论。但是"道"是要行的，不能当作一个理论来看，所以管理者必须明白虚以控实的道理，发扬"不固而中"的精神，出于继旧开新及忧患意识，达到日新又新的地步，这才是真正的不停滞，持经达权而生生不息。

至于中国经营理念的实践精神，先哲很巧妙地把"仁、义、礼"的大道理化为通俗的情、理、法，一切管理务求以法为基础，然后向上升进，摄法归理，又纳法于仁。但是法为人所订立，为人所执行，为人所控制，所以再怎么强调法治，实际上都离不开人治，因此管理者要以修身为本，号召同人共同发挥"功夫精神"把分内工作做好。

"周虽旧邦，其命维新"，管理者应秉持我国固有的经营理念，并赋予新的精神，来运用新的工具和方法，持续改善。中国人向来不排斥任何外来文化，相反，我们一直在费尽苦心地做适当的安置和调整。中国人的经营理念，不但不排斥管理科学，而且进一步将其运用得更合适、更有效。

感谢历代先哲为我们累积了如许宝贵的智慧。感谢现代从事中国文化整理、研究而又赋予其新生命的学者，使我们成为现代的中国人而不致变成现代的外国人。本书主要参考书目，附列于结语后面，对于诸位先进的卓见慧识，在此谨表最大的敬意。

前言

春秋末期,礼崩乐坏,制度动摇,社会十分动荡不安。孔子立志行道,企求恢复天下秩序与和平。他行道的目的在于训练一批公正廉洁、忠勇爱民的行政人员,来推行古圣先贤的德政,实现为老百姓服务的目标。其具体步骤,则是通过日常生活中的修身、齐家、治国、平天下,希望完成天下为公、世界大同的理想目标。这种以人为本、为政在人、以德化人的中道管理思想,归纳起来,有下述五个重要原则。

1. 修身

管理者与被管理者都应该以修身为本。能力较低的人,最起码要做到独善其身,尽量做好自律,约束自己的言行;能力高强的人,就应该推己及人,以求兼善天下。我们推行能者多劳的原则,必须以自己的智慧与道德为基础。一个人既贤且能,就会受到大家的真诚拥戴。

2. 亲民

管理者的责任,在于精神和物质两方面并重。一方面要促使被管理者不断提升伦理道德水平;另一方面应该使被管理者获得必需的物质资料,以维持日常生活。管理者在职场中以身作则,用品德来感化员工,同时在物质方面,最好不要和员工有太大的差距,这样才具有亲和力。

3. 守中

人在物质方面的享受并没有止境。伦理道德的力量很精微,稍有疏失便会荡然无存。管理者和被管理者为了避免发生错误,必须时刻致力于守中，也就是寻找合理点，并坚持实践。"中"即合理，坚守合理便是守中，人人守中，目标才能一致。

4. 中道

管理者由修身开始，谨慎守中以求亲民。这种修己安人的管理途径，即为中道。自尧帝以来，中华民族悉以中道为立国的根本，历代兴衰，都是得中、失中的结果。五千年来，中道传统一脉相传，后人称为"道统"。我们讲求合天道而尊重人性，并且力求一以贯之，以天下太平为目标。

5. 和谐

孔子所说的"世界大同"，相当于现代的"地球村"概念。

中便是合理。凡事求合理，即为中庸之道，现代称为"合理主义"。追求合理的途径，便是中道。因而，中国式管理，简称中道管理，也就是合理化管理。一旦世人普遍了解中道文化的可贵，世界大同的目标自然可以顺利达成。中华文化的宽大包容性，能够使世界各地文化在大同小异的原则下，受到合理的尊重，彼此兼容并蓄，和谐共存。

中道管理为什么可以整合、包容不同形式的管理呢？因为全世界的管理都在追求合理，只是采用的方式不同。古圣先贤早已研发出一套十分特殊，却能够千古流传、天下通用的东西，那就是"仁、义、礼"的架构，也就是通常说的情、理、法。

简要说来，中国式管理便是依循"仁、义、礼"的道理，以求其中（合理）的中道管理，也就是将现代化管理妥善运用在中国社会，以求合理有效，成为中国式的合理化管理，并和中华文化充分结合起来。

"仁"引申为"安人之道"，"义"表现为"经权之道"，"礼"演化为"絜矩之道"。组织的一切措施，都以安人为衡量目标。原则确定后，视组织内外环境的变迁而持经达权（变），以求制宜，即为与时俱进，合乎经权的要求。在衡量及变通时，我们采取絜矩的道理，将心比心，设身处地，"己所不欲，勿施于人"。综合起来，在组织建立后，管理逐渐制度化之时，必须以安人为标准，采用絜矩的态度，树立合理的典章制度，作为组织成员共同遵循的常道，并且灵活运用经权（持经达变）的方法，获得变而能通的效果。依据这个简单明了的架构，我们建立了"中国式管理的M理论"，简称为中道管理M理论。

孔子主张人性可塑，否则教育全无功能。基于这种观念，我们归纳出M理论的三大要旨。

1. 人性可塑，员工是可能改变的

管理的条件是：安排良好的工作环境，形成良好的工作风气，把慎选而来的员工都塑造成忠诚、肯干的优秀成员。管理者首先要以"患不安"（为什么不安）来测试员工，尽量找出他们不安的原因，并加以消除，使员工能够安心乐业。这种安人之道，是"仁"的精神，是中国式管理的衡量标准。凡事以安或不安来衡量，比较容易找出安人的合理途径。

2.员工如果关心工作，就会用心适时应变

管理的过程是：确立目标和标准（经），赋予员工应有的权限，使其在法令规章许可的范围之内权宜应变（权）。这种经权之道是"义"（合宜）的法则。组织成员应共同发挥持经达权的精神，适时应变以求合理。我们发现只有在安人的情况下，员工这种应变得宜的能力才有充分发挥的可能。

3.管理者和被管理者都是人，彼此都需要被尊重、被了解和被同情，非如此不得其安

管理的态度是：所恶于上，毋以使下；所恶于下，毋以事上。组织成员各自扮演着不同的角色。"礼"是我们现代人所说的"角色期待"。每个组织成员都应该秉持"己所不欲，勿施于人"的原则，按照自己的角色期待扮演好自己的角色，便是合乎礼的表现。管理者和被管理者，彼此互信互谅，奠定互助合作的良好基础，才能进一步以絜矩之道来促进协同一致的组织力量，并把组织合力提升到最高水平。

安人之道,是以人为本的具体表现;经权之道,是与时俱进的有效途径;絜矩之道,是和谐社会的基本条件。三者简单明了,易知易行,完全符合重点管理要旨,符合人性需求。我们运用起来,自然得心应手。三者合一,即能合乎中道,无往而不利。

让少数人先富起来,是安人之道的适时措施,但是贫富差距所造成的实际问题,则有待于絜矩之道的将心比心。因此,我们必须采用与时俱进的经权之道,如宏观调控,以及各种必要的政策,加以规范和辅导。中华民族在经济发展中提升自我品德修养,在和谐中学会互助、分享,中道管理,当然普受世界的欢迎!

目录

第一章 虚以控实

第一节 虚以控实的道理 　　007
第二节 管理有两个极端 　　024
第三节 管理的理念导向 　　039

第二章 约法三章

第一节 约法三章的精神 　　048
第二节 人性管理的演进 　　063
第三节 人性管理 M 理论 　　068
第四节 M 理论有三向度 　　079
第五节 M 理论三大要项 　　088
第六节 M 理论实际运作 　　097

第三章　安人之道

第一节	管理和伦理合一	108
第二节	安顾客第一优先	116
第三节	安员工以厂为家	126
第四节	安股东持续发展	140
第五节	安社会形象良好	146
第六节	安人之道五要领	151

第四章　经权之道

第一节	经权是安人的方法	168
第二节	最好以不变应万变	176
第三节	经权配合四种现象	187
第四节	经权配合层层串联	204
第五节	经权配合有三原则	218
第六节	经权之道五大要领	228

第五章　絜矩之道

第一节　人普遍不喜欢被动	240
第二节　人大多希望自主自动	250
第三节　有限范围内的最大自由	258
第四节　害怕自动喜欢自主	271
第五节　用心来使彼此互动	277
第六节　絜矩之道五大要领	291

第六章　易知易行

第一节　M 理论合乎人性	300
第二节　M 理论贵在实践	311
第三节　M 理论大同小异	323

结语

参考文献

第一章

虚以控实

现在很多人都很关心中国式管理,它到底有没有很完整的思想体系呢?我向大家保证,一定有,先决条件是我们要了解中国人对体系的概念,与西方人对体系的概念是不一样的。

现代管理是从美国开发出来的，美国式管理是管理科学，日本人的管理方式与美国人的管理方式又不相同，例如日本人是终身雇佣的，美国人是随时跳槽的。德国人不太讲管理，因为他们是技术挂帅，认为只要技术好，其他都不重要。我们也不能说他们就错了，因为技术不好，管理再好也没有用。管理其实是各有一套。

为什么说中国人的思想是整全的呢？我们把科学、哲学、宗教、文学等这些学科汇总起来，有了一门课——道。

凡是整全的，都有几个特色，其中之一就是不可言说，永远说不清楚。老子说，"道可道，非常道"，意思就是凡是能够说的道，都不是常道，常道是不可言说的、隐隐约约的。

越基层的人员,要越具体、越明白、越明确。高层不一定要掌握很具体的东西。对基层员工来讲,125600就是125600,不能变成12万,但是对企业老总来讲,就是十二三万。因此全世界最适合当老板的是中国人。

我并不是反对科学,只是想提醒大家,科学是不足的。假如你想用哲学来取代科学,那更危险。因为哲学是虚的,科学是实的。我们偏到实的,叫作"偏道";偏到虚的,也叫"偏道"。所以讲求的是中道。

中不是不偏不倚,中是整全,但是我们不可能同时掌握整全,所以中就变成了合理。当需要大才合理的时候,中就代表大;当需要小才合理的时候,中就代表小;当极端才合理的时候,中就代表极端。孟子讲:"自反而不缩,虽千万人吾往矣。"意思是说虽然千万人都反对我,我照样去做。这是中国人的道德勇气。但现在许多中国人不这样了,常说这个不行,那个不行,什么都走在中间,那是不可能长进的。投资总有风险性,投资一半就等于零,要么去冒险,要么就不投资了。

"道"和"理"两个字中,我们比较重视"道",可是落实下来时,会说你讲不讲理。知不知"道"是一回事,讲不讲"理"又是另一回事,一个是虚的,一个是实的。真正的"道",就是以虚控实。

哲学是虚的,科学是实的。基层只有科学,对于基层来讲,管理就是一套技术、一套模式、一套规定、一套办法。这不叫"道",只能叫"术"。因此很多人不知道什么叫管理,只会按照别人的规定去做。虽然做得很好,但他们只有"术",没有"道"。

高层管理人员应该多动脑筋,不具体操作。福特公司的老福特有一次视察产品线后,就对人事部门说,有一位管理人员坐在那里,抽着雪茄,把脚跷在桌子上,上班时间不工作,应该把他辞掉。人事官员说这位员工是搞汽车设计的,今天看到的车子都是他设计的产品,明年的车子都在图纸上,五年以后的车子连图纸都没有,都在他的脑子里,如果把他辞掉了,公司以后怎么办?其实,我们中国人很早就说过了,"无用之用,才是大用",真正有用的是看着没有用的东西。你看到很有用的,只是雕虫小技而已。

有人认为中国人反科学,我不接受这种说法。假如公司总裁都站在车床前去操作,公司不会有什么前途。我没有轻视技术的意思,但是总要有人不搞技术。我认为人生的努力,就是从搞技术到慢慢远离技术。人是从实的层次起步,慢慢提升到虚的层次上来。吃饭当然很重要,但如果一天到晚都是为了吃饭,还有什么出息?

中道管理,没有边际,没有中间点,旨在找一个合理点。中庸之道是合理化主义,不是中间点,不是骑墙派,不是不敢走极端。首先应该把这个观念端正过来,否则,我们研究了半天,还是回到从前,就很糟糕了。

中道就是合理化,我们在整全之中,不要有成见,也不能有主见。成见太深,或主见太深的人,是很难当好管理者的。就事论事,就此时论此时,时空一改变,合理点就改变了。

有了体系以后,当然要运用了。凡是进入观念,而没有实际动作,就是很虚的。西方哲学家把自己关在象牙塔里,中国哲学家自古以来就主张走出去。所以西方人看我们的哲学体系是不严谨的。我的看法是,不严谨才好。中国哲学很早就变成了通俗的礼仪,这就叫作虚以控实。虚、实都要照顾到,否则就不是中道。

事实上,管理就是做人做事的道理。西方人分开来看,做人叫人际关系,做事叫绩效管理。没有一家公司,完全靠人际关系可以搞得很好的,我也不相信有公司可以完全靠绩效搞好。

假如在公司里,财务人员告诉你财务最重要,用财务来管理一切就可以了,市场人员说市场最重要,市场营销搞好就可以了,那都是偏道。总经理是不能偏的。所谓"总",就是要站在最高点全面掌握,全面照顾,不能偏财务或市场。企业要成功,需要几百个理由；企业要失败，一个理由就够了。因此老总要全盘掌握，以虚控实，走上中道管理。

道是随时在变的，有"常道"，就有"非常道"，我们所看到的都是"非常道"。"常道"是看不见的。如果老总连"常道"都没有，就跟基层一样了，随着潮流起起伏伏。事实上，一个人赶不上潮流，是不能前进的；一个人只能随着潮流走，很快也会被淘汰掉。

我们虽然在潮流中，却要成为中流砥柱：一方面顺应万变，一方面有自己的主张；一方面顺应市场，一方面要创造市场；一方面客户至上，一方面要教育客户。凡是一味顺着市场、顺着顾客的人，都将面临失败。

第一节　虚以控实的道理

管理哲学是虚的，本身不代表什么，但它可以变成我们需要的所有东西。中国道学强调的是要把虚和实兼顾并重,不能偏颇,然后合理地应用。用管理哲学来善用管理科学,叫作虚以控实。

一、管理有两个不同层次

管理思想实际上都包含两个层次:一是形上基础,一是形下理论。前者系看不见、摸不着的意识形态,称为管理哲学。后者为具体而明确的管理制度和方法,叫作管理科学。具体而明确的管理科学,无法不受看不见、摸不着的管理哲学的支配和控制。

管理哲学是无形的,又是很具体的。要一个人把人生理念、价值观、是非标准等说得很清楚,几乎不太可能,但你感觉得出来。所以中国人不太相信别人的话,只相信自己的感觉;西方人比较相信看得见的事实。

管理哲学形成了管理者的决策态度,管理科

学则形成了管理者的管理态度。管理态度是决策态度影响的结果。管理科学是有形的,是具体而明确的,受管理哲学的支配和控制。管理者表现的管理态度,往往受制于个人的意识形态,以至同样一套管理制度和方法,由于管理者理念不同,产生了不一样的运作与效果。

一套制度在这个工厂很有效,到了另一个工厂就变样。一位老总经营这家企业很有成效,把他调到另一家企业去,可能就不行了。制度没有变,产品没有变,组织没有变,人员没有变,只要换了老总,这家公司很快就不一样了。老总本身并没有做什么,机器不是他操作的,原料不是他采购的,产品也不是他包装的,但是他有很大的影响力。因此,有什么样的管理哲学,就会产生什么样的管理效果。

事实上,企业经营者凭着他的管理意志,决定了一套处理周遭事务的方法,创造出企业文化。有位美国管理学家说:"管理要跟文化结合。"换种说法就是，管理科学必须和管理哲学相结合，才能有效。

二、管理哲学即管理之道

仅有管理哲学还不够，因为哲学和科学也是各有一偏的。虽然哲学的范畴比较广，但是还没有系统大，哲学也常分为很多派系，所以我们把管理哲学称为管理之道。

管理界一切现象所由以存在、所由以生灭、所由以运行的，都称为管理之道。它具有两大使命：一是厘清观念，研究"管理究竟是什么"，促使管理者用全局的眼光来看管理；一是指导行为，研究"管理应该是什么"，从指导的立场来检讨管理，明辨我们应该怎样管理。换句话说，管理哲学必先追究管理的意义，再评估其价值。

管理之道是虚空的，看不见也摸不着，现代人称为经营理念。其实，经营理念是日本人创造出来的概念，严格来讲应该叫管理哲学。所以管理哲学、经营理念、管理之道是同样的东西，都是很虚的。它存在于管理者的脑海里，必须通过管理科学的运作，才有具体事实。只有科学没有哲学的人，是"瞎子"，会动但不会看路；相反，只有哲学而没有科学的人，是"跛子"，行动十分不便。我们要做一个整全的人，一定要行之有道。

管理哲学通过选择、运用和批判管理科学以显现功能。对于各种各样的管理制度和工具，你选择哪一种，完全由你的管理哲学支配和决定。例如，公司可以规定员工上班都要打卡，而且处分很严格，也可以规定打卡不必那么认真，办好事情就可以了。业务员将事情做得让客户满意，就算晚一点打卡，或不打卡都可以。你不能说这样做就不对，只要对公司适合就可以。

我们运用管理科学的时候，要批判，批判之后再选择，才能调整。我们用得越好，就越有信心，用得不好时就开始怀疑了。很多中国企业的老板总有疑问：为什么西方的管理方式到中国就变样了？西方人运用就很有效，我们运用时就没有效了，因为中国整体的文化和西方是有很大出入的。

管理之道没有形体，却不是"空无所有"，它是"空无多有"。老子提出了"有"与"无"两个观念来说明"道"的两面性。《道德经》说："无名天地之始，有名万物之母。"老子所说的"无"，是一种幽隐而未成形的潜在能力。管理者凭着"不见其形"的潜在能力来下决心，做成"有"的决策。然后依据既定决策来选择和运用管理科学的工具和方法。"无"和"有"既非对立，也不矛盾，它们是一贯的、连续的，表示管理者由理念向下落实而产生决策的活动过程。老子说："天下万物生于有，有生于无。"所有管理措施都产生于管理者的决策（有），而决策则来自管理者心中的理念（无）。

"虚"就是不要把心灵黏着固定在任何特定的方向上，管理者具有开放的心灵，不存在任何偏见或成见，才会虚心听取别人的意见。心思黏着在某一特定方向上,执意要如此做,那就不"虚"了。管理者的头脑不够灵光,做起决策来是相当危险的。管理者的脑海里,不能存有乌七八糟的冲突、矛盾和纷杂,只剩下统一的目标和原则。保持方向的一致性,管理者才能情绪不浮动地"静"下来,冷静综合实际状况,做出比较正确的判断。虚一而静,发挥无限妙用。

管理者虚心到无限的宽广,便可以无拘无束地运用,这种境界道家称为"无限妙用",哲学界称为形而上。形而上是"道",形而下是"术"。管理哲学是"道",管理科学是"术"。

既然管理要和科学、文化结合,就应注意文化特色。管理者以自己的一套管理哲学来妥善运用管理科学,结果都不相同。所以我不太相信一个管理者去学另外一家公司,把管理制度全盘搬过来,可以做得一样好。

管理者若想以虚控实,把管理科学应用得更有成效,要建立一套经营理念,从实践中获得无比信心，确立一套经营方式。

三、M 理论代表管理哲学

中国式管理该有其理论依据。孔子创立"述而不作"的谦和风度，并以身作则，一再自认无知，宣称："我并不是生下来就什么都知道的，我只是喜好古代圣哲留下来的知识，而勉力学得来的。"由于他的启示，历代先贤不敢标榜自己的创见，委婉地将自己的智慧堆积在孔子、老子、庄子等具权威性的先师身上。正因为此，中华文化才能"持续中有变化，变化中有持续"，万变不离其宗，成为牢不可破的道统。近代中国人企图打破传统法则，盲目学习西方"一人一说"的作风，各自标新立异，任意独树一帜，徒然弄得"旧的打破了，新的建立不起来"的局面。

一片中国式管理的探索声，唤醒我们：必须从道统的洪流中，建构出自己的理论。

我们不妨用 M 理论来代表中国人的管理之道。为什么提出 M 理论？原因如下：

（一）M 是"管理"（management）的首字母，表示管理的思想体系。

有人认为不可能有统一的管理之道，就西方情况而言，确属事实。西方向来一人一说，A 专家说是的时候，必定有 B 专家说非，这也是他们鼓励争辩的原因，都是一偏之见，辩论起来，才会产生互补作用。中国人最重视本源，一切新的都要从旧的中变出来。中国先哲所说的道理，大都历久弥新，有其颠扑不破的特质。中国人的管理之道，显然是存在的。

（二）M 是"中庸"（mean）的首字母，表示中国式管理，以中庸之道为合理的标准。

中庸之道的管理，即中道管理。日本人竹添光鸿把"中庸"解释为"恰到好处"，朱子认为："凡其所行，无一事之不得其中，即无一事之不合理。"依现代眼光来看，中庸就是合情、合理、合法，非但可以适应环境，而且足以开创新时代。中国式管理即为中道管理。

（三）M是"人力"（manpower）的首字母，表示管理应该以人为本。

中国人是以人为本，西方人是以事为中心。西方人是谈事情，不太管人；我们是以人为主，人去做事。我们常讲，事在人为，所有事情都是人做出来的，重点始终在人。

（四）M是"心"（mind）的首字母，表示管理必须重视儒家心学的发扬。

管理就是心的互动。能不能团结一致，就看我的心能不能交给你，你的心能不能交给我。西方管理重视手和脑，我们只重视心。做事情时，西方是注意努力不努力，我们是强调有没有用心。

关心就是把他的"心"关起来了，他就跑不掉了。不将心比心，很难抓住员工的心。领导就是抓心的。人在那里，心不在那里，根本不在乎工作，制度管得了他的身体也管不了他的心。

（五）M 是 money（财务）、method（方法）、material（材料）、market（市场）、morale（士气）、management information（管理信息）、management philosophy（管理哲学）、management environment（管理环境）等词语的首字母，可以把整个管理都包括进来。

（六）M 是管理资源（management resources）的首字母。

中国式管理重视人，也重视中庸之道。尤其从 M 的字形看来，更是四平八稳，左右均衡，十分切合"中"的特性。

四、管理之道即大学之道

大学之道是古今中外最有价值的管理哲学。

我国先哲从实践中体认管理之道，并且正名为"大学"。"大学"的最终目的为治国平天下，所以大学之道，实际上就是管理之道，即管理的最高原理。从管理的取向来看，大学之道是管理哲学的智识中独有的宝贝，是应该要保存，更应该发扬光大的。

《大学》开宗明义说："大学之道，在明明德，在亲民，在止于至善。""明明德"，就是"明其明德"的意思。"明"即明白，"明德"指能够明白道理的一种天赋本能。禽兽、草木没有这种明德，只有人类才有此明德，你对他讲道理，经过一段时间，他总会认同。第一个"明"字为动词，可解释为"表明""表彰"，或"发扬光大"，即把人本来的明德"刮垢磨光"，便是"修身"或"修己"。

（一）管理以修己为起点，以安人为目标。管理的意义，便是修己安人的历程。

《大学》所论的格、致、诚、正、修、齐、治、平，是从内发扬到外，教人由"内部做起，推到平天下止"的管理哲学。管理者以修身为本，格物、致知、诚意、正心、修身，即其内在的德智修养，就是"明明德"的功夫。齐家、治国、平天下为管理者外发的事业完成,便是"亲民"的发扬。管理者必先修己,才能正己正人。所以管理之道以修己为第一纲领。

"亲民"是用相亲相爱的方式来正人,就是孔子主张的安人。安人是管理的最高理想。管理者可以逞权威、施压力来管人,但作用力越大,反作用力亦越强,不能使追随者心悦诚服,表面或许顺从,内心殊为不乐,因而可能会暂时忍耐,应付了事。管理者如能用敬重、信任来理人,就比较容易收到"敬人者人恒敬之"的效果。追随者深感知遇,当然会加倍努力。管理者以"仁"安人,"譬如北辰,居其所而众星拱之",管理者好像北极星,静居在那儿,满天的星斗都环绕着它运行。追随者慕名而来,自然人才济济而又人尽其才了。

(二)掌握根本,分清楚本末、轻重、先后、缓急,管理才能有效。

管理哲学是根本。掌握了根本,就可以分清楚本末、轻重、先后、缓急。任何事情都是有轻就有重,有先就有后,有缓就有急,而最根本的就是本。中国人都是抓住根本再讲。因此我们有时候不太注重细枝末节,保持无所谓的态度。

(三)从格物致知着手,以诚意来正心,用理智指导感情,使心意的活动正当而光明。

格物致知就是科学。科学只是起点,不是全部,因此要以诚意来正心。我们慢慢会感觉到,有诚意,别人就对你讲真话;没有诚意,别人是不会对你讲真话的。你心意正,员工就会交心给你;你心不正,干部首先就跑掉了。

《中庸》说:"仁者人也。"人之所以异于禽兽而成为万物之灵,是因为人能知仁、义。人类要进步,必须造就高尚的人格。要造就高尚的人格,就要减少兽性,增多其人性,使人性中的动物本能服从理智指导,符合道德要求。

我们要用理智来掌控感情。《大学》认为人应该有感情,但是感情变成人的包袱就糟糕了。一个人感情用事,就失去了理智。所以孔子不主张控制，不主张节制，而主张让感情合理发泄，这是很人性化的。

（四）谋求修身、齐家、治国、平天下的一贯大道，一切从自身做起，少怨天尤人。

管理者以修己为第一纲领，从自身内部修治做起，由格、致、诚、正，层层扩大，齐家、立业、治国，推到平天下，一步一步往外推。一个人连自己都管不好，怎么去管别人？因此要谈管理，应先把自己管好。

（五）德本才末，是选用人才的可靠标准。

先看品德修养的表现，再就合乎标准的人选，量才而用。西方人是能力本位，没有品德观念。在中国，有才的人，我们不一定敢用。大部分人喜欢品德好、也有才能的人，对品德不好、有才能的人，却怕得要命。

我问过太多企业家："如果两个人都很有能力，你怎么选？"他说："我选有品德的人。"我说："如果两个人都没有品德呢？"他说："选没有能力的人。"我就问:"为什么?"他说:"没有能力的人即使想害我,也害不了我。"这是很聪明的。

德本才末是我们选择人才的一个标准。那么,怎么知道谁的品德好?有句话很重要,"忠诚从孝中来"。中国人会看一个人和父母的关系处得好不好,来判断这个人的品德。一个人不孝顺父母就是忘本。忘本的人,栽培他也是没有用的。

五、管理的最高指导原则

管理的最高指导原则是管理哲学。管理哲学应该是不能改变的常数。管理者的理念,是决策的根本原则,不可以变来变去。

管理变来变去,会变得没有定准。"易"的意义,包含"不易"和"变易",便是看出宇宙是变动的,但变动中有其常则。管理者秉持"常道"去"变易",才能万变不离其宗,变得有道理。满脑子"什么都要变,什么都可以变"是错误的。

"道"属于智慧层次,无形无影,难以捉摸,甚至是空洞的,不像知识层次那样明确而具体。现代人受到"实证哲学"的影响,一切都要观察事实,要求实际、清楚而具体,逐渐远离"运用之妙,存乎一心"的境界。殊不知,管理原本就是依据近乎空洞的原则来做决定的。形式是虚的,质料是实的。

管理者想要把管理科学应用得更有成效,要依靠很虚的、隐隐约约存在的、永远不可能讲得很具体的经营理念,把经营理念当作管理的最高指导原则。管理者有了透彻的、协调的、系统的管理观,不致想到就做、爱变就变,甚至自相矛盾而不自知。

管理者把经营理念确立起来,但是不用具体化,因为非常具体就失去了弹性,无法应变了。最后会把自己捆绑得死死的。我们要有"常道"作为调整、变革的依据,但是不能把自己捆死,而要随机应变、因时制宜,就会越变越通。

第二节　管理有两个极端

一般人都是采用二分法的思维,不是偏向这边,便是偏向那边,没办法兼顾两边。

管理者最要紧的是脑筋要清楚,你不是神仙,凭什么分辨是非?凭什么分辨好坏?最好的办法就是自己归零、放空。在做决策之前,没有任何想法,抱着大家看着办、大家来商量的态度,才能听得进去别人的话。

一、各执一端以自耀

庄子说:"天下的人多各执一察(一端)以自耀。"大家各执一端,然后每个人夸耀自己那一套很行,想以偏概全,把所有人都变成自己的模式。这不是好现象。

科技十分重要,没人会忽视管理科学的价值。但是,庄子早就说过,生命是有限度的,而智识是没有限度的，以有限度的生命去追求没有限度的智识，会弄得疲惫不堪。人为了保全生命，不得不分工专职，一不小心就容易走入固执偏见的歧途。

道路是人走出来的，各有各的道，才会形成多元化。如果物种不是多元的，地球就要毁灭了。

每个人都不要认为自己的一套一定比别人的好。彼此尊重，彼此包容，各取所需，才是正道。管理哲学的理论都是人想出来的，立场不一样，想的东西就会不同。

既然立场不同，就没必要要求每个人都一样。我们要的是"大同"，不是"一统"，"大同"下面还有两个字，叫作"小异"，"大同"的可贵之处就是尊重每个人的"小异"，各有不同才能叫"大同"。管理哲学大同小异，从事学术研究的人，偏向于"大同"；实际运作的管理者，必须重视"小异"。每家公司都有自己的特殊性，把别人那套全盘搬过来是行不通的。

庄子的《齐物论》，包含齐物与齐论两个意思。

庄子认为：道原本是没有分界的，语言原本是没有定说的，为了争"是"而划出许多界线，有分别就有了争执。"道"本来是齐的，但是变成很具体的事物的时候，就不齐了。

《庄子·天下篇》指出：百家众技各有所长，亦时有所用，可惜都和耳、目、鼻、口一般，各具功能，无法互相通用。天下的人如果各尽所欲而自为方术，那么，"道"就被割裂了。所以任何东西都不要太勉强，尽量去做就好了。管理者认为财务、生产、销售、人事都重要，没有一样是特别重要的，这就对了。

懂得财务管理、销售管理、生产管理、人力资源管理及时间管理、情绪管理等，却不懂得管理本身，这是现代人的麻烦问题。管理是有整体性、不容分割性的，牵一发动全身。我们自认为有专业，只能当好部门经理；自己知道没有专业，却已具备通才的条件，才有资格当总经理。优秀的企业老总可以什么都不精通，如果认为自己精于销售、财务或生产，他就完了。曾有一个总经理对我讲，他很懂财务，因为他是做财务出身的。我就对他讲："你的财务经理会很难做，因为第一你不会尊重他，第二你会替他做很多事情，使他一无所长。"尤其危险的是当初的经验，到今天并不一定适用。因为社会是不停变化前进的，时过境迁，环境变了。

二、管理者先求头脑清楚

管理者最要紧的是头脑要清楚。很多人问我公司搞不好的原因，我说中国人其他方面都很好，只有一个毛病，就是头脑不清楚。

现代管理者很喜欢学习。不幸的是，他们没学之前还知道怎么做，学完以后，反倒不知道怎么做了。学习是一件好事，但是我们要了解该学什么、不该学什么。许多人当了老总，还去学技术，那是挺奇怪的。技术是不断变化的，他整天搞技术，就不可能是好的老总。

自古以来,每个人都是自圆其说,无法把整全的道理说清楚,一定会顾此失彼,有疏漏的地方。如果有人听了把它当作是整全的,就受害了。我们各有不同的主张,都有相当道理,自己又不能正确分辨和选择,不知如何是好。

我们尝试着检视以往企业管理发展的几个阶段,不难发现所谓生产导向、财务导向以及市场导向,正如古人所说:"道非天然,应时而造者。""道"不是永恒存在的,是为了适应不同处境,随时更换创造出来的。生产、财务、市场等,都是管理的"一察"(一端、一隅),各自代表管理的一个变数或一种理论,管理者必须具备自己的管理之道,才不致迷惑于任何单一的变数,因应实际环境的变动把握应该重视的变数,以"应时而造道",既求适应,又不失正道。

管理者的智慧表现在他持有自己的常数,能够"有所不为、有所不变",然后才能面对若干变数，适当调整为"有所为、有所变"。这种秉持正道（经）以求适应（权）的态度，即是持经达权，如果能够权不离经，就不致离经叛道。经权相辅相成，才是正道。

"有所不为、有所不变"是经，是根本；"有所为、有所变"是权，是作用。本立而道生，管理者把握住根本，才能发生有效的作用。具有常道的管理者，创立"有所不为、有所不变"的企业风格，才能顺利开出"有所为、有所变"的美丽花朵。不过，"有所不为、有所不变"是可控性的经，"有所为、有所变"有相当的风险性，属于不可控性的权。前者必须"尽人事"，后者仍须"听天命"。

"听天命"是知命而不认命的态度，管理者深知企业必有其风险性，而预测亦有其不确定性，却不能因此而认命。管理者竭尽所能，以证明是否有成功的命，这是头脑清楚的做法。

管理者必须先有清楚的头脑，才能应时而造道，在现代环境中，找出合乎自己要求的管理大道。

头脑不清楚，再明确、再具体的管理制度和方法，都会被乱用得凌乱而模糊。头脑清楚，再虚得近乎空洞的管理大道，也会看得透彻，自成系统。同样一句话，头脑清醒的人一下就听懂了，觉得简单明了；头脑不清醒的人怎么也听不懂。头脑清楚，便是观念正确，是成为管理者的先决条件。

三、最好先要求自己归零

我们已经学习了西方的很多管理知识，获得了不同的观念，所以头脑越来越杂、越来越乱。如果凡事都依先入为主的观念来判断，根本不可能学习中国式管理。最好先要求自己归零，以便从头出发。要注意，它到底合不合我们的文化？合我们的文化，用起来效果就很好；不合我们的文化，用起来就不行。

我们既不能食古不化、望文生义，也不应该站在西方的观点来否定中国的观念。很多人一听到中国思想，就认为又是乱七八糟的一套，这种人先入为主，用自己的成见去做判断，最后会走上偏道。

企业的兴亡、运作的优劣、决策的当否，以及组织气候的优劣、社会评价的好坏，无不系于企业经营者的管理哲学。事实证明，中外企业管理都开创了理念导向新纪元。

以理念为企业管理导向，则管理者首先应该自问："我的管理哲学是什么？"简单地说，管理哲学就是对管理经验进行反省以寻求透彻的、协调的以及系统的管理观。管理者抱持批判的和怀疑的精神，将管理科学及相关科学如人类学、社会学、心理学等研究所得的有关管理的论点，加以思索和研究，分析其是否合理，能否融会贯通，并谋求调和与统一，使其成为管理可依循的理念导向，便得出了自己的管理哲学。

管理者，特别是企业经营者，最好把自己脑海里与管理相关的观念全部倒出来，然后逐一检视,将自己认为确实无误的观念装回去,淘汰似是而非的或根本错误的观念。彻底反省一下,再依优先顺序,把最重要的三五个理念写下来,并且问自己:

第一,现在的经营理念是什么?

第二,如果我是被管理者,喜欢老板持有这种经营理念吗?

第三,我喜不喜欢现在所持的经营理念?

第四,我真正喜欢的经营理念是什么?

如果答案一时不能肯定,不妨看看别人。古往今来,有许多经营理念非常值得我们仔细去学习。管理者一方面学学别人,一方面想想自己,不难成功整理出管理之道。

企业初创之际,管理者就对管理哲学有了正确的认识,那当然是最好的。如果没有那么幸运,能在企业发展的任何阶段,确立经营理念,并采取配合行动,都比盲目航行强得多。毕竟企业管理已经迈进理念导向时代。

四、摆脱极端以讲求中道

我们要摆脱两个极端。诚恳的管理者比较容易听到真实的声音。如果一个人有诚意,就很容易去深入体会别人的话。有知识的管理者能够从对方的话中寻找出合理点,就两端提出问题,并且反问到底。我们不能认为自己有知识,便可以不诚恳,充内行,那就得不到新的东西,最后会有所偏失。

要做到诚恳,站在对方的立场来想事情,站在对方的心态来了解他,不是以自己的立场作为出发点。不要在别人讲话讲到一半时,就开始否定别人。

中道不是走中间路线,也不是折中,应该是合理的道路。中道是没有两边,也没有中间的。"边"就是"察""端",是一孔之见。任何一边都是"偏道"。有了"边",容易坠入"两者之和除以二"的陷阱。

《中庸》说:"中也者,天下之大本也。"管子说:"凡言与行,中以为纪。"程颐则一语破的:"中即道也。"

在中国人心目中，中的理念是源远流长、至高无上的。"允执厥中"是中国管理哲学的传世宝训之一。"中"与"道"合，道之所在即中之所在，所谓中道在心，上用下用无穷。不中就不正，不正则邪曲，邪曲的人是小人；中就正，正则公，公即大，大中公正的人便是君子。中的理念，已经成为中国人普遍共有的管理信念。

"中"要和"时"配合。从管理来了解"中"，就是恰到好处、合理；从管理来了解"时中"，即随时都能够恰到好处，这是管理者向往的目标。

管理离不开空间和人事，有了"时中"，便可以把空间和人事连贯起来，随时灵活运用。管理是动态的，是变动的，不能"执一"的。管理必须随着时间的变迁而求取进步，不可由于保守而落后，要与时偕行，以保持日新又新。

"中"也不能不配合"位"，因为管理必然要落入空间变化。"位"包括身份和场合。组织成员，既然有名位，当然要讲求尊卑、高下；身份就是角色或立场,管理不可能没有立场,但不得过与不及,否则便失其"中"。任何人、事,均有其发生的场合,处境不同,管理的方法便不可能相同,无法用固定的法则来做肯定的说明。

"时"与"位"表示客观的情境,可控性不大,而"中"或"不中"则是主观作为,应该尽力以赴。管理者面临不断变迁的情境,务须随时随地机动调整管理的态度与方法,以求其"中"。这种管理的方法不固定,但是管理的最终目的不变(随时要求恰到好处)的精神,叫作"不固而中",乃"尽人事以听天命"的积极作为。

五、执两用中才能合理

"两"就是体和用,"执两"就是了解体、用的关系;"用中"是把握体、用的关系,以求致中和。中国人的"中"与"和"是大家都没有意见,那就是合理的,大家还有意见,就要进一步商量、协调。协调不是折中。一件事情只要有人反对,就有问题。我们要有这样的观念,但我们也不可能求全。有时间就多考虑,没有时间就当机立断就好。

"执两用中"是很不平常的道理,可以使管理者跳出二分法的思维陷阱。现在我们几乎都被困在二分法里了,总是在两个极端中选一个,要不要去?知不知道?假如你问美国人:明天会议要不要参加?他要么说参加,要么说不参加,这是二分法。你问中国人:明天的会议要不要参加?他会说:"到时候再说!"这就是三分法。

《中庸》说:"中也者,天下之大本也;和也者,天下之达道也。致中和,天地位焉,万物育焉。"我们都有想法,但没有发的时候,都貌不惊人,一旦很明确地发出来,就不叫三分法了。

六、M 理论适合中道要求

M 理论最适合中道的要求。"君子中庸,小人反中庸。君子之中庸也,君子而时中。小人之中庸也,小人而无忌惮也。"(《中庸》)君子"时中",便是时时刻刻都合理。这不是一般人能够做得到的。小人无忌惮,当怒而喜,当哀而乐。

西方人是有话直说才叫诚恳。中国人有话直说会得罪很多人,变成了不诚恳。我们不能没诚意,但是"诚"不是"直"。很多人对此是有误解的,好像不隐瞒什么,就是最好的,其实不见得。对于中国人来讲,先生有了病,他不一定会马上告诉太太。对于病情,西方医生一定要告诉病人,认为病人有知道病情的权利;中国的医生不会这样做,即使病人确诊是绝症,也要抚慰病人,告诉病人安心养病,很快就会好的。

中华文化是孝的文化,求忠臣于孝子之门,特别讲求伦理,不可以没大没小。中国对自己的上司都称呼职务。西方就是没大没小,员工可以直呼总经理的名字,总经理不会觉得员工没礼貌。

孔子的学生有子说:"君子务本,本立而道

生。"孝就是不忘本,不忘根本的人,我们会对他很放心,翻脸不认人的人,我们很不放心。

仁或不仁是能否居高位的主要区别。孝与仁的结合,便是伦理与管理的合一。西方人的伦理是伦理,管理是管理,能够分开,把功劳归给自己。中国人即使面对的是事实,也一定要说"这是上级领导有方的结果",不能把功劳归给自己。

战国时曾有一部《道经》,可惜失传了。只在《荀子·解蔽》中留下两句:"人心之危,道心之微。"使得"人心"和"道心"成为大家关注的焦点。人只有一颗心,你凭良心的时候叫道心,你凭私心的时候就是人心。人心是很险恶的,"人心隔肚皮",不晓得他在想什么。道心是有的,但是作用非常微弱。

人要学坏很容易,学好很难。人心大多偏私,道心才能大公。中道便是合理的思考、合理的决定、合理的选择、合理的道心发扬。

朱子认为,人心、道心并非两个心。人心不可无，但应以道心为主。因为人不可能不自私，要怎样发扬道心，是每个人修身的重点。人心由人身上发出，道心从义理产生，主要看你怎么把一个压下去，把另一个扬上来，这就叫 M 理论。M 理论其实就是将心比心，以道心为主。想想自己，再想想别人，将心比心，事情就好办了。

第三节　管理的理念导向

一个人有什么样的观念，便会表现出什么样的行为。管理的理念导向意思是管理思想或管理观念，可以引导管理措施。

一、企业管理的历史

就企业管理的历史而言，20 世纪以前，为生产导向时代，重视技术改进；20 世纪初期，为财务导向时代,侧重财务的规划与调度;1920年以后,由于生产过剩,企业界纷纷致力于货品的推销,意识到消费者的重要性,因而迈入市场导向时代,从"如何生产良好产品",逐渐转变为"如何生产卖得出去的好产品"。

市场导向的结果就是没有良心。现在很多媒体从业者经常说,自己被"收视率"害惨了,节目做得很好,收视率低;节目做得不好,收视率反倒上来了。我们应该好好想一想,市场会把我们带到一个什么样的未来。

其实,冷静想一想,不难了解生产、财务、市场以及人事,都是企业管理中的一环,不是整体。正如荀子所说的:"此数具者,皆道之一隅也。"这些都很重要,但都是道之一隅,都不能代表整全的道。无论哪一环节做得不好,即任何一隅受到损伤,都是不利于管理之"道"的。

荀子说:"夫道者,体常而尽变,一隅不足以举之。"一个角落不能代表全体。任何都市都有繁华地段，其他地段相对比较冷清，可以用某一方面代表整体吗？不可以。管理者要有整体观，不能强调某一种导向，以免走入一偏。

二、举一隅应该以三隅反

孔子说："举一隅不以三隅反，则不复也。"（《论语·述而》）举一隅的时候，如果不以三隅反，我就不教他。什么都要我讲，自己不会想，教这种学生干吗？举一反三，就是这个道理。管理者只知道市场的重要性，不能类推到生产、财务、人事等同等重要，即使再三反复，也无所助益。

人类有一个弱点：强调一件事，往往把它的重要性不断扩大，以至于绝对化。这个弱点要常常反省。对一件正确的事情经常过分强调，最后正确的事就变错了。一条路，如果我们一直走下去，最后就走错了。因为其中一定有拐弯的地方，你不拐弯，就不知道要走到哪里去了。

过分偏重市场开发,就会陷入有顾客而无货品的困境。把顾客开发出来,产品供不应求,就会造成很大压力。相反,过分偏重产品开发,又会陷入有货品而无顾客的困境。尤其现在的研发,更多是自己推翻自己。人们以前穿的就是一套西装,产品直到卖完为止,现在是五颜六色的时装,一年一个花样,今年做了明年就卖不掉了,厂家开始降价,使得很多客户观望,货品刚上市不买,非得等到降价才去买。

这实际上都是我们自己找的麻烦,因为我们太偏重一隅了,造成了很多流弊,从现在开始,举一隅应该以三隅反。管理工作与技术工作的不同之处,就是没有一成不变的有效方法。特别是20世纪70年代以来,由于能源危机、通货膨胀、经济萧条以及国际政治形势变化,管理面临的变数太多,并不是任何单一导向就能决定其成败的。

老子说:"大方无隅。"一个人要"大方",就是没有执着。方和圆是一样的,如果你认为方是方、圆是圆,那就是太执着了。方形的东西越来越大就变成圆的了,找不到角落了。中国人说做人要"大方"一点,就是做人要圆通一点。

管理者有整体概念,就应该以理念导向来统合各种导向。理念导向就是以管理大道来引领管理,是全面的、整合的,不可分割的。

三、真理并不在二者之一

中道管理是以大学之道为核心理念的。大学之道的基本信念即为:"真理不在二者之一,却存在于二者之中。"就是说,不要认为任何东西都可以代表全部,那叫以偏概全。比如做人,身体健康很重要,假如身体很健康,却肚子空空,没有学问,没有良心,有什么用?有了良心,有了学问,寿命却很短,又有什么用?每样东西都看似有用,但要合起来,兼顾并重才真正有用,否则都等于零。

我们问美国企管专家:"企业规模应该大还是

小?"答案是肯定的:"要大,至少要达到规模经济,才有生存能力。"同样问题问日本企管专家,答案不太一样:"如果是20世纪80年代,我们认为规模要小才够灵活。去年我们倒闭了一万多家公司,却新开了九万多家,这是适合'小'的年代。"我们觉得他说得也有道理。再模拟一下,请教至圣先师孔子:"企业规模,是大好,还是小好?"孔子大概会回答:"这不用问,该大就大,该小便须小。"乍听之下,孔子并未答复我们的问题,冷静下来发现这才是真理,是中国人的智慧。

四、我们要正本清源

可以说,全世界的企业管理已经迈入理念导向时代,中国当然不例外。我们要正本清源,不要再把《大学》当成"修身立德之门"。在中国历史上,皇帝至上,所以总认为管理是皇帝才用的东西,因此把管理哲学诱导到修身养性上去了,管理的内核慢慢淡化了。现在家庭要管理,企业要管理,任何事情都要管理,就应该还原《大学》的真面目。

大学之道固然古老,却一直到现在仍然是世界上最好的管理哲学。从修身一直发展到治国、平天下,一以贯之,《大学》所说的道理经得起各种阶段、各种性质的考验。管理者和被管理者都应该修身立德,注重品德修养。

《大学》的三大纲领:

第一为"明明德",指管理者修养良好,做员工的表率,以身作则,使部属可以模仿,以获得向心力。

第二为"亲民",指亲近、爱惜、商量,要亲近员工、爱惜员工,要好好跟他商量,得到他的信任,而不是动不动就指挥、命令。

第三为"止于至善",指各种措施力求适时、适量、适质、适价、适地,也就是合理。"至善"不是最好的意思,而是指最合适的。

管理者自己修养良好,大家能够好好商量,找出合理点,把它做好,就是管理。以"明明德"为根本,以"亲民"为功夫,以"止于至善"为目标,便是中道管理的 M 理论。

每个人凭良心,所有问题都会得以解决。实际上,我们相信法律,不相信良心;相信宗教,不相信道德,这是许多人应该反省的地方。

M 理论要正本清源,把中国最好的管理哲学应用起来,然后使学到的现代化管理技术应用得恰到好处。

第二章
约法三章

一个人要听到更多的意见,考虑事情才有可能周全。因为整体性的事物有方方面面,从不同的角度,站在不同的立场,就应该有不同的看法。多听就多一个选择,多一种参考意见。

第一节 约法三章的精神

我访问过很多公司,每个公司都说有自己的规章制度。制定几条制度或搞几个规章是再容易不过的事情。我问这些公司的员工,看了那些规章制度没有?他们说没看。我说难道它不重要吗?他们说很重要。我说既然很重要你们为什么不看?他们的答案有趣多了:"规定太多了,看不完,如果规定少一点,我一定会看的。就算我去看,也记不住,那看了不等于没看?用的时候再找就可以了。"我想这就是人性。

领导者要站在被领导者的角度想一想:"如果我是他们,我会怎么样?"规定一大堆,他们根本不看,就等于零。所以领导每次发脾气时都说:"难道规定还不够清楚吗?你为什么不照规定去做?"下属心里暗自好笑:"那么多规定我记得住吗?"

如果规定得很细就糟糕了,那是仅抓到枝节。规定少就必须有弹性,而且要是概括性的原则。这样可以让员工举一反三,自己去想,他就可以成长。管理者有一个责任,就是要让全体员工不断成长,而不只是赚钱。现在很多管理者是希望员工都为公司效命,尽心尽力做出贡献,让公司业绩不断提升,让公司形象越来越好,结果不管员工的发展。这就应了"一将功成万骨枯"。

工作越认真的部属"死"得越快:一方面是身体受不了,一方面是他完全没有成长。整天忙于工作、不会充电的人是无法成长的。很能干的人大概三五年后就不能干了。现在的组织,我给它起个不好听的名称,叫作"甘蔗压榨机",把甘蔗一根一根塞进去,把甘蔗汁榨出来,大家喝得愉快,甘蔗最后被丢掉。一个人年轻力壮的时候跟了你,你拼命用他,就等于在压榨他。等到他江郎才尽了,你一脚踢开他,这是人道的吗?

但现代化管理就是这样。就看员工有没有贡献,没贡献就滚蛋。那他当年的贡献为什么不算呢?他本来很能干,现在变得不能干,是谁的责任呢?从来没有人想过这些。

"约法三章"代表一种精神,让每位员工都要自己动脑筋,自己去找规定,自己去找合理点,他就能不断成长了。

人生只有一个目的,就是在工作中不断提升自己。赚钱多少没那么重要。赚钱有一个临界点,在"满足需要"这条线之下,一毛钱都重要,"一文钱逼死英雄汉"。过了这条线以后,大家都一样。完全用金钱来衡量人生是很大的错误。

人生最要紧的是充实自己,让自己视野更广阔,脑筋更灵活,看事情更准确,与别人相处更和谐,对社会群体有越来越多的贡献。在这个大前提下,我们必须要想办法,让每个跟随我们的人都能不断成长,而且是正向成长。我们必须充分尊重他们。换句话说，就是管理者不要管得太多。今天很多都是过度管理，不该管的管了一大堆。缺乏领导，过分管理，使得跟随我们的人被绑得死死的。他们不会动脑筋，最后越来越呆，拖垮整个组织。

很多人强调"商场就是战场"，我想不应这样。商场不应该是战场。我们可以很轻松、很愉快地把企业经营好，让跟随我们的员工都不后悔。这才是管理者最大的成就。

我们管理的法则如果太多的话，大家就不容易抓住要领，反而不知道怎么分辨对错。不如"约法三章"，大家很容易记，很容易做，有很大弹性。

一、"约法三章"是重点管理

"约法三章"的重点就在于把握要领。所谓领导，就是掌握要领的意思。你讲了半天，部属不知道你在讲什么，就是在浪费时间。时间是非常重要的资源。我们一天到晚讲要控制成本，实际上对时间成本没有十分注意。坦白讲，我们最大的成本浪费就是没完没了地开会。许多领导把开会变成推卸责任的一种手段——如果不开会，我要负完全责任，因为是我在决定；如果开会，我没有责任，最多承担一点责任，因为是大家决定的。

"约法三章"就是抓住重点。重要的事情交给他去做决定，万一决定错了，损失太大了，谁都受不了。如果连不重要的小事情都没有弹性，没有自主性，这个人就永远长不大。所以要抓大放小。

如果把楚汉之争时的刘邦和项羽进行对比，无论是武力，还是当时声势，刘邦绝对赶不上项羽。但刘邦打的是组织战，项羽打的是个人英雄战。

许多人受西方的影响，把个人的作用凸显过大。这对个人是不利的，对组织也是不利的。在中国历史上，凡是搞个人英雄主义的人物，结局几乎都是很惨的。项羽是最典型的。中国人不太容许最能干的人来当领导。关羽会当领导吗？不会。我们是打组织战的，是有核心团队的。所以中国人只讲

"巩固领导中心"。

刘邦兵进关中，进入咸阳后，流连在宫内不肯出来。樊哙再三劝他离去，他不肯听。张良进宫劝说："秦二世无道，天下大乱，你才能兵进咸阳，为的是替天下百姓杀除残贼。你刚到咸阳，就耽于个人享乐，岂非助纣为虐？"刘邦大悟，遂出宫回到灞上，召集关中父老豪杰开会，订立规章：一、杀人者死；二、伤人及盗抵罪；三、余悉除去秦法。刘邦与民"约法三章"，简单明了，民众易知、易记、易行。

今天我们大谈执行力，却没有掌握到精髓。法令规定一大堆，大家看不完，也记不清，干脆不看也不记了。你把部属叫来，说你要注意，第一，什么什么，他会注意听。第二，什么什么，他还会注意听。你讲第三时，他两条眉毛就皱在一起了。如果你说第四，他干脆什么都忘记了。

中国人不喜欢别人唠叨。如果你唠叨，他什么都不听，反正听不完，也记不住。最主要的是他认为"你根本不相信我",要不然怎么会一而再、再而三地叮咛个没完。

法令规定当然不可能只有三条,但是按照优先顺序,把最重要的三条优先列举是掌握重点的管理。

我当领导时,会把部属找来,问他们:"你们想想看,我们需要哪几条规定?然后写出来。"我没有设问,表明我尊重他们。他们开始伤脑筋了。他们写完后,我说统统很好,一条一条剪下来,把它们摆在一起,看哪一条比较重要?把最重要的三条公布了。

只要抓住了最重要的三条,就掌握了80%。其他的可以举一反三,依此类推。"二八定律"告诉我们,只要你抓住80%,其他20%无关紧要。很多人就是太理想主义、太完美主义,结果搞得所有人都很厌倦。人没有完美,物没有完美,产品也没有一件是完美的。

掌握要点,让部属去举一反三,可以适应不

同的变数。西方人是怎么决定就怎么做,所以决定错了很可怕。中国人是怎么决定的,不会有太多人照决定去做,因为执行的人要根据环境的改变去调整,不调整就要挨骂。

二、管理原则要先确立

我们重视行为,这没有错。可是行为从哪里来?从观念来,人是有观念才有行为的。因此要了解他的行为,必须先了解他的观念。你要了解一个人为什么这样做,只有从他怎么想来着手。

管理观念产生管理态度,管理态度影响管理的人伦关系,而管理的人伦关系可以决定管理的效果。

不管是客户、供应厂商,还是经销商,都是人与人的关系。你处理的物料,包括产品在内,是人与物的关系。因此管理好不好,就看关系处理得好不好。你把机器和物料的关系处理得很好,生产就很顺利。产品摆错了地方,就销售不掉,就是因为搞错了关系。关系从哪里来？从你的态度来。态度从哪里来？从你的观念来。管理者要深入了解员工的行为，了解他们在想什么。领导者要"抓心"，这样就很容易掌握他了。

管理观念是虚的，是看不见的，表现在管理原则上。一个人有原则，就代表有观念。管理原则是管理者实施管理措施的主要依据。因此，老总的管理原则不一样，带出来的团队也不一样，产生的管理效果也不相同。管理者应该确立自己的管理原则，员工才有办法与你配合，不然他会"丈二和尚摸不着头脑"。让员工心安比什么都重要。如果员工心不安，什么都做不好，所以管理要以安人为最终目的。

管理者确定自己的管理原则，并把自己认为比较重要的管理原则列出来。先不要忙着去排顺序。一开始就选出最好的、最重要的原则是很困难的，先列出来再说。可以想到哪里就写到哪里，再逐一评核，看看是不是符合自己的管理观念。然后比较一下，决定哪条是最重要的，作为第一条。这样就可以按照优先顺序，将管理原则确定下来。

管理者可以要求每位部属也这样做，把他的管理原则与你的比较，和你最接近的就是配合度最高的部属。他越了解你，与你的默契就越好。相反，如果差距很大，你就应把他找来，问问为什么你这样想、他那样想。这样对双方都有好处。

三、管理的原则就是管理理念的条文化

把管理原则列举出来后，要依其性质归纳。把性质相近的管理原则归纳在一起，例如管理的条件、管理的过程，以及管理的态度等。分门别类地把最重要问题的提出来，和部属讨论。

相反，如果规定得太细，就没有弹性，应变力很差。当然，规定得太松，掌握度不够，也会出问题。管理是不可能等到出问题以后才来动脑筋的，要做到事先防范。所以松紧的"度"要靠自己把

握,做到部属能够配合,必须和他们讨论决定。

归纳出管理原则后,再依优先顺序加以排列。按照"约法三章"精神,把管理原则扼要讲给部属听。

例如,你对部属说:"我希望什么事情都知道,你们在工作中有没有困难?"假如他说没有困难,你就知道这个人不太可靠,怎么可能没有困难呢?你问他:"真的能做到?"他说真的。你问:"那告诉我,你是怎么做到的?"他说:"我所有事情统统请示完再去做。"如果工厂着火了他也跑来请示你要不要灭火,工厂岂不是完了?再问第二个人:"有没有困难?"他说是有点困难。"什么困难?"就是对于一些紧急的事情不知道该先报告还是先请示。你要告诉他:"紧急的事情要先做完,事后报告就可以了。"有时间就事前报告,没时间就事后报告。什么事情都要事先请示,那完全是奴才;什么事情都先斩后奏,做了再说,甚至做了不说,那还得了?一般人听到部属说没有困难,感到很高兴,但以后的情况会一塌糊涂。

四、管理原则的理想程度

管理原则有一个理想程度,不能过分理想化,以免实施上有困难。管理者要求部属事无大小都事先向自己报告,就是太理想化了。事后报告也是可以的,边做边报告也是可以的。

管理原则有时很可能是彼此矛盾的。例如,在管理书籍上看到的"指挥统一"原则,可能和"专业分工"原则相抵触。我们要求尊重专业,但顶头上司不一定有专业技能,那到底听谁的?参谋有专业的技能,营长有发号施令的权力。我们是听营长的,还是听参谋?如何把这些矛盾事先化解,是管理者最大的责任。

一般人多以"应该怎样"来思考管理原则,往往过分理想化。谁都知道"应该",实际上有限制、有困难,做不到。在评估管理原则时,必须同时考虑"实际上如何",才能因时、因地制宜。

我们要有理想,否则不可能进步。可是理想

不能过分脱离现实,才会有好的效果。所以世上的事要两面兼顾:顾及实际情况,却不能完全没有理想。完全务实的人,进步很困难。把理想定得太高,只看到未来,而没有脚踏实地,也容易变成空谈。在理想和现实中,寻找合理的平衡点是确立管理原则的标准。

五、管理原则的基本要领

管理科学萌芽于 19 世纪末,当时的知识和现在比起来还是相当有限的,所以管理只被视为一种手段、一种工具。

但人不是手段,不是工具,而是主体。人各有所好,各取所需。每个人有不同的人生目标,有不同的理想。在一个组织中,要求少数人志同道合就够了。正因为人有差异性,才有不同的道路。每个人走自己的路,不要都走到同一条路上去。

西方管理学也体察到了这一点,所以行为科学把心理学、社会学、人类学等知识纳入管理中,使管理这门学问越来越大。他们认为,管理要重视人与人之间的关系。在人际关系很和谐、很协调的单位或组织中,大家才会乐于工作。因为人生的大部分时间都是在职场中度过的。如果工作的时候很苦闷,很紧张,很忙碌,无法忍受的话,那人生还有什么意义?

管理已经随着时代的改变,逐渐走上了尊重人格、相互依存的道路。我们与客户、供应厂商是互依互赖的关系。我们和员工之间彼此尊重,大家快乐,这才是管理者应该走的正确道路。

管理原则的订立应该以人为中心。西方管理是以事为中心的。怎样把事情做好,怎样把事情做对,在对的时间做对的事情,都是西方的管理观念。中国式管理强调的是把人安好。只要把人安顿好,管理工作就完成了一半。

到底是以人为中心,还是以事为中心,由你自己选择。中国人偏向以人为中心,因为从人的角度来思考管理的法则比较正确有效。

　　中国的企业往往是把员工先安顿好，解决吃、住等生活问题，让他安心。我曾访问过很多跳槽的员工，是因为这家公司不好吗？他说很好。是因为对薪水不满意吗？他说其实很满意，与大家相处得也不错。那为什么要走呢？他说是中午吃饭太伤脑筋了，人挤得要死，餐厅热得要命，吃的又不好，就走了。这样的公司岂不是很冤枉吗？其实建一个好的员工餐厅，解决他们中午吃饭问题又有什么困难？甚至可以考虑到女性员工的需求，设一个幼儿园。把人安顿好，让他没有后顾之忧，他就可以一心一意做好事情，管理者自然就轻松了。

　　现代化的管理已经从科学化管理进入了人性化管理的时代。全世界对人性最了解的就是中国人。我们古代的思想家研究人性，以人为中心，发扬人性，提倡顺应人性去管理，就是要发扬"约法三章"精神。

第二节　人性管理的演进

全世界都在讲人性管理,因为大家对人性的看法不一样,所以实际表现是不同的。

一、管理的主体是人员

我们不主张把人当作管理对象,因为所有管理对象都有赖于人力完成。人本身不是资源,而是能够运用各种资源的主体。

管理不是管人,而是管事、管物,管人以外的资源。把人纳入管理的对象,相当于把人当成了物。在西方的人力资源观念中,人被当作资源去利用、处理,这是把人看成物,严重违反了人性。

人和动物最大的不同就在于人的自主性、创造性最高,人性需要受到尊重。如果把人当作一种资源,他就没有了自主性,没有了尊严,实在是一种大不敬。

"敬"就是让对方感觉受到尊重,所以我主张公司的人力资源管理部门改为组织人员发展部门。因为组织是由人员组成的,人员有潜力,都需要发展,组织人员共求发展,要和组织的成长同步。

管理要想有效,一定要配合人性的需求,顺人性而为。西方的人性论,比较喜欢从看得见的部分,譬如性向测试、智力测试、人格特质等来加以评鉴。我不相信那样做对中国人是有用的,因为在做实验、做测验的时候,我们的心态和西方人完全不一样。西方人是你问什么,他就答什么。中国人是你问什么,他先想怎么答会分数高一点就怎么答。因此测验结果一般不会十分准确。所以,尽管调查问卷是一种很好的方法,但对中国人来说是没有太大用处的。

那么,一个人的性向可以用调查问卷来测试吗?不可以。那样人岂不是变成了机械?人不是机械。机械没有变化,人的情绪变动非常激烈。西方早期的X理论认定员工都是为了金钱、面包而工作。没有钱给员工,他就不工作,其实人真的这么简单吗?我想不会的。

二、管理人性化的趋势

管理人性化,或者人性化管理,就是顺应人性的需求去管。把人员的"向上心"激发出来,满足人员的自尊心,让人员在情绪稳定的环境下,心怀实现企图的希望。最主要的目标是使人员乐于工作,安于生活。

怎样才能让中国人高兴地做事情呢?记住以下三点:

第一,他只能卖力,绝不卖命。

第二,做事不坐牢。凡是违法的事情,你让他去做,他多半不会去做的。

第三,人性化管理的重点,在"理"他而不要"管"他。管理的对象是人,把人当作人看,尊重其个性,发挥其理性,使人员在身心健康的快乐中,才会产生最高的工作效益。

三、人性管理三大特性

人性管理已经成为现代管理的主流,应用相当广泛。21世纪,中国式管理会变成世界管理观的主流,因为我们的文化越来越得到重视。

人性管理的特性可以归纳为下述三点:

(一)了解人性,顺着人性的需求,施以适当的诱因刺激,可以引发适当的行为。

对中国人来讲,金钱不是最好的诱因。中国人是你给我钱,我不拿白不拿,但是想让我多付出,我还是不干的。你要看得起他,给足他面子,他随便你摆布。对中国人来讲,"高帽子"是非常管用的。

(二)人的才能有个体差异,所以需要分工。然而互助又是人的本性,站在互助的大前提下,再来分工,合乎"站在合的立场来分,不可站在分的

立场来合"的基本精神。

人的才能是有差异的,我们找不到完人。所以,中国人的"差不多"哲学是最了不起的。

每个人总有瑕疵,任何产品都有小缺点,只要在可以接受的范围内就可以了。人需要分工,因为各有不同才能。但分工是分工,互助也很重要。西方人对工作的分工很明确,职责表是一、二、三、四、五很清楚。中国人的分工往往不太明确,职责表是一、二、三、四、五,再加一条"其他","其他"就是互助的意思。你的"其他"与我的"其他"要合起来,要不然工作怎么做得好呢?你也不做"其他",我也不做"其他",就有"三不管"了,很多事情就没人做了。所以把自己的工作做完还不够,还要去照顾其他人,这才是好员工。部门与部门之间,经常会互相支援,不会仅停留在各司其职的地步。分工是形式上的,是表面的,实际上大家要共同努力,把事情做好。

(三)以目标管理为基础,分层负责,开放员

工参与的机会,加强意见沟通,改善工作环境,给予合理保障。

中国人只要工作做不好,大家都有责任。中国人在群体里,更有约束力。所以"连坐法"在中国很流行。很多中国人之所以不会做违法的事,也是怕连累父母。

第三节 人性管理 M 理论

人性管理,概括而言就是 M 理论,就是讲天人合一,就是中道管理。

自先秦开始,就有许多关于人性的主张。荀子主张"性恶论",孟子主张"性善论"。孔子不主张性善,也不主张性恶,主张的是"人性可塑"。你把一个人带到性善功德无量,把一个人带到性恶,就良心不安。环境、立场不同,看法就不同,做法也不同,不是谁对谁错、性善性恶的问题。

一、《中庸》的天人合一论

《中庸》提出的天人合一对中国人来讲是非常重要的。人性从哪里来？《中庸》开宗明义，指出"天命之谓性"。人性来自天命。只有人可以改造一切，但我们要特别小心，否则人类就不是万物之灵，而是"万物之贼"了。"率性之谓道"，我们按照人的本性行动，便是人生大道。顺应人的本性去走，可以走出一条大道，叫作"人道"。"修道之谓教"，教导人遵循人生大道去修身行善，便是教育。

中庸是什么？就是一切合理。管理就是管得合理，即人性化管理。那什么叫合理？就是恰到好处。

二、中庸表示恰到好处

往这边走合理，就往这边走；往那边走合理，就往那边走，哪里合理，就往哪里走，而不是哪里有好处就去哪里。朱子说："凡其所行，无一事之不得其中，即无一事之不合理。"无一事不合理，表示每件事都处理得恰到好处，合乎中庸之道，天下没有一件事情不合理。

合理不合理，要随人、事、时、地、物等很多因素而变动。所以"不易"的是管理法则，而不是管理措施。合法不合法是固定的，合理不合理不是固定的，这就是"法"与"理"的不同。法是死的条文，理是活的因应措施。中国人推崇随机应变，以求此时此地最为合理的解决。

任何人都需要学习随机应变。但是怎么区分投机取巧和随机应变呢？中国人最方便的分法是：只要是为公家的利益着想，就是随机应变；为自己的利益着想，把钱放进自己口袋里，绝对是投机取巧。千万要让你的部属做到随机应变，不能投机取巧。

三、人性化的中道管理

中道管理最合乎人性需要，所以是人性化的管理。中道管理是合情、合理、合法的管理。

"情、理、法"的重点不在"情"而在"理"。我国先哲早已认识到宇宙有独立存在的"理"。在宋明理学家之前,诸子喜欢讲"道","道"是事物形成所必须走的路,其实就是一种原理。"理"光用嘴说,"道"却必须实地去行,先哲们不但希望我们讲理,尤其要求我们重视实践,一切按照道理去做。

中国人在"情、理、法"之中,最重视"理"。检讨得失的时候,大概都侧重在评"理",绝少有人公开求"情"。但是,"理"不易明。天理不是固定不变的,是随时适应的。中国人十分讲究变通。个个都有理,各人所说的理并不相同,可见理是由人编造出来的。这样的讲理往往形成"强者有理"。公司里职员如果犯了过错,你告诉他:"某事做得不对!"他大概不会直接去关心那事是否错误,却比较关切"是谁说的",这便是"强者有理"的心理表现。

理是相对的,有上即有下,有此就有彼。西方人用法来讲理,一切依据法律来判断,谁合法便是有理。

法在企业管理上谓之"制度化"。过分强调制度化,很容易令人产生制度化便是良好管理的误解。典章制度是一种普遍形式,制定这些规章制度的时候,不可能照顾到所有特殊情境中的应用。用法来讲理,固然简单明了,实际上无法应付"两可"或例外事件,难免因坚持法而变成"不讲理"。

我国先哲把"依法讲理"安排在第二层次,把"由情入理"提升为第一层次。"由情入理"是"敬酒","依法讲理"便是"罚酒"。"敬酒不吃吃罚酒"的目的依然是"讲理"。由此说明,中国人把法摆在肚子里面,心中有数,我不违法,但是不说出来,和中国人谈法伤感情。

中道管理要顺乎天命,应乎人性,是"顺天应人"的"天人合一"管理。法是不得已,先由情入理,情理行不通的时候,翻了脸,再依法办理。到了依法办理的时候,情都摆在一边了。法一出现,是没有情的。

中道管理代表中国人"由情入理"的人情味管理。懂得"情、理、法"的人,才是真正懂得管理的人,否则法与人情会经常纠缠不清。

管理者"讲理",最好顺着下述的"理",以求其是:

(一)建立共识。

凡是"要脸"(讲理)的同人,务必给他"面子"(表现出看得起、珍惜、关怀的"中节之情")。对于"不要脸"(不讲理)的人,一定不给他面子(表现出看不起的冷漠)。

(二)循序渐进。

"情、理、法"的顺序,固然是"所重在理",但是"理只是情之中节",所以管理最好先动之以情,用"关爱员工"的理念来感应,使员工发出无过无不及的情而自然合理。管理者当然应该坚持原则(理),不过在此之前,也应该广结善缘(情)。员工才能口服心服。平日广结善缘,员工充满信心，了解管理者是讲理的，一旦坚持原则，员工在情绪上不至于产生不信任的反感，当然更有利于讲理。

（三）自己守法。

遇着不讲理的员工，不能轻易放过，否则就是破坏了法纪。管理者先动之以情，再晓之以理，如果仍然不能产生正面效果，势必绳之以法，让他知道不讲理的后果，而且没有规避或逃脱的可能性。实际上有些管理者往往找出许多理由，甚至把它归咎于"情"，其实是自己不守法，未能切实维护法制的威势，一旦执法不严，无力感就跟着来了。

四、M 理论即中道管理

我们不妨用 M 理论来代表中国人的管理之道。人性化管理重人，是以人为中心，一切追求合乎中庸之道。从 M 的字形看来，更是四平八稳，左右均衡，十分切合"中"的特性。M 的平稳均衡象征中国人喜欢的"不倒翁"精神，可以立于不败之地。

M理论不会把人性看得那么好,也不会把人性看得那么坏。人是可以塑造的,我们要懂得用合适的方法来塑造合理的人性,这才叫人性管理。

在20岁以前,几乎每个人差别有限,20岁以后有的人进步很快,有的人进步很慢。进入职场后,人会从工作中成长,会以领导作为模仿对象。所以领导者其实有两个责任:一是教育下属,让下属不断成长;一是给下属机会,让他好好表现。碰到好老板,他会成长很快;碰到不好的老板,他就会很倒霉,本来很有能力的也会越来越萎缩。员工会不会成长,就看他有没有好的领导。

M理论应该是合乎中道的人性化管理准则。我们要走上中国人的大道,这是要讲M理论的原因。

五、人性管理的M理论

世界上有没有放之四海而皆准的管理模式?没有。因为每个国家不一样,每个公司不一样,每个地区不一样，管理模式自然不同。如果把 M 理论拿到全世界去用，我保证都可以有效果。

那么，M 理论的"约法三章"是什么呢？可以归纳为三个要点：

（一）人性可塑，员工是可能改变的。只要用心塑染，员工就可以变得十分理想。

不要先入为主地认定员工不行。人与人之间其实是一面镜子，你照镜子的时候，你笑，那个人也对你笑，你很生气，那个人也对你很生气。这在心理学上叫期待，你期待他好，他自然会变好，你不期待他好，他怎么会变好呢？所以从事管理的人要对员工持有期待的态度。

管理如果合乎人性，就要期待员工是可以改变的。每个人都有很好的念头，也有很坏的念头。你认为员工会好好工作，他就真会慢慢好起来；你认为他样样不行，他真的越来越不行。

员工是否理想，就看你怎么看待他。管理的第一招就是要看得起员工。尊重他，多听他的意见，一切好好商量。

（二）员工如果关心工作，就会自动随机应变，以便寻求此时此地的合理解决方案。

无论你怎么管员工，都是没有用的。因为你管得了他的人，却管不了他的心。他心里在想什么，不会对你讲，你也无法掌握。如果我们能让员工自己去关心工作，他把心放在工作上，就会自动随机应变，自然会做好工作了。

很可惜，大部分员工是不关心工作的。他们认为自己总共才挣这几个钱，再怎么奋斗也不可能成为富翁。生产线其实是非人性化的。以前的工人从头到尾把产品做出来，是有乐趣的，顾客很满意，他更有成就感。现在的工人是没有乐趣的。看下面几个问答，就一目了然了：你在哪里工作？我在皮鞋厂工作。你会做皮鞋？不会。那你做什么？我专钉鞋后跟，而且只钉左脚，右脚从来没看过。这种工作有什么乐趣？我们把工作分解得特别细的时候，工人就重复着很简单的动作，是没有乐趣可言的，但是为了提高生产效率又不得不这样做。

让员工的工作有变化，他才有乐趣，才会用心工作。我们要想办法让员工关心他的工作，让他安心。一个人的心安定下来，就会专心。他如果不关心工作，是因为有自己的烦恼，有问题不能解决，遭遇了困难。管理者帮员工把这些问题化解了，他自然就关心工作了。

（三）管理者和被管理者都是人，都需要被了解和同情。

我是人，他也是人。管理者要把被管理者当人，要了解他，同情他。管理者应少讲话，让对方讲，这样管理才会有效。善于做领导的人，在订立公司制度规定的时候，要让员工去讲，这样的制度才算数。

从这三个要点来看，我们将 M 理论推广到全世界去，几乎都是可以通用的。因为我们站在人性的角度谈管理：

第一，你要承认他是人。

第二，你要把他当人看待。

第三，你要想办法让他自己改变，管理就完成了。

你不可能改变任何人，但是你可以让他自己改变。威胁利诱改变不了任何人，如果他自己想改变，他就改变了。

人是具有可塑性的，但是要靠自己。孔子告诉人们要自己反省，要自己修养，是有道理的。求人不如求己，要求别人来管你，不如自己管好自己；要求别人来改变你，不如改变自己，这就是中国哲学。

如果依据这三个人性的要点来实施管理，便是人性化管理。按照这三个人性要点来管理，可以管得合理而且提高效益。

第四节　M理论有三向度

安人之道、经权之道和絜矩之道，构成了中国式管理的三个向度。一切管理措施均以安人为衡量标准；原则确定后，视企业内外环境的变迁而持经达权，以求制宜，谓之经权；衡量及变通时，将心比心，称为絜矩。安人是仁的表现，经权是义的方法，絜矩为礼的态度，三者密切配合，才合乎中道。

一、仁、义、礼三向度

我国管理思想以儒家为主流。孔子"摄礼归义"，更"纳礼于仁"，构成了"仁、义、礼"一贯的思想体系。"仁、义、礼"的管理理念，便构成了 M 理论的三个向度。

孔子论道，大抵以仁为主，仁就是爱。员工的人性，要以关怀、关心、珍惜、真情、爱心来塑造和感化。仁必须合义，关怀、关心、珍惜、真情、爱心都应该合理，不可以过分，以免造成溺爱、滥情。仁如果不合于义，则爱之适足以害之，徒仁不足以收到理想效果，必待有合于义，然后始能保其有益而无损。

仁就是要慈，要善，要有真情。但爱是要受到约束的，不可以过分。合理不合理，最好先用礼俗、制度来加以规范。礼就是礼俗、制度、典范，本身也要力求合理。

二、仁为安人之道

仁引申为安人之道，只有用爱心的管理，人才能安。管理的一切措施均以安人为衡量标准，能安才做，不能安便不要做。

仁是义和礼的基础。要求员工权宜应变，扮演合适的角色，首先要使其能安、得安。因为个体或群体的不安都是管理失效的根本原因。

管理的目的很单纯，就是安人。团体里有人不安，这个人一定会捣乱。有人认为，一些人天生喜欢打小报告，我不这样认为。人会追求自身价值，当一个人有正经事要做，而且受到大家重视的时候，就不需要捣乱了，他感到自身没有价值的时候,就坐立不安,开始作怪了。

员工能安、得安,才肯自愿接受塑染,配合组织要求,尽心权宜应变。一名新员工进来后,我们不会立即让他开始工作。会问他家庭状况,帮助他把生活安顿好,再带他到各部门去转一转,让他和其他人打打交道,彼此熟悉熟悉。这样做的目的是让他情绪稳定下来,让他能安。

三、义为经权之道

义引申为经权之道。唯有合理的管理,员工才会自动应变,以求制宜。管理的一切措施都必须因时因地而制宜,才有成效。

仁必须合义(宜),否则徒然把员工宠坏了,增加管理的困难,更使人对仁失去信心。孔子主张君子必须得之有道,去之亦有道,取舍的标准在义。员工好逸恶劳,趋利避害,也是人之常情。管理者要视员工表现的善恶,善者爱之,不善者恶之。对能够自动"安而行之"的成员,用爱心来关怀、珍惜;对于尚未自动自发的同人,要用"以德报德"的奖赏来激励,使其"利而行之";少数表现欠佳的人,也应该"以恶报怨"施以适当惩戒,使其"勉励而行之"。

管理者能够使好人好得恰到好处,恶人亦恶得恰到好处,便是合义的仁,才是合理的爱。

"经"是根本的管理原则,不可轻易改变;"权"指权宜应变,按照管理法则来应变,叫作持经达权。持经达权是按照"经"来从权应变。儒家重视经权,即希望管理者有一颗仁心,而持经达权,以求合义。一切权变,务须"义之与比",依义理而应变,才能确保变而能通。因此,经权之道是管理的应变过程。

四、礼为絜矩之道

絜矩是一切作为都应该站在他人的立场来设

想,将心比心,才能合理。人同此心,心同此理。大家都是人,心里的想法大致是相同的。拿尺来度量,使上下四方事物都能合理,便是絜矩之道。

礼可以引申为絜矩之道。礼包含法,法是成文的礼,产生于礼之中。礼重在预防,法侧重于应报。管理者强调法治实在不如强调礼治。因为法治只能循法守法,礼治才能进一步对于非礼的不法行为防患于未然。这番道理正好符合絜矩之道。

作为组织成员,大家喜爱的事情,他也喜爱而乐于去做;大家厌恨的事情,他也厌恨而摒弃。每个人合理地将心比心,设身处地,遵循"己所不欲,勿施于人"的道理,才能产生合理的规范、制度。

孔子的管理思想,以礼为起点,首先倡导管理制度化。但是他深知制度的制定"不可多也,不可寡也"。多则"法令滋章,盗贼多有";寡则简陋而造成自由心证的流弊。礼必须"唯其称也",便是合乎"时""位"而得其"中"。不过环境变迁,制度日久僵化,必定产生许多不能适应的毛病。于是孔子发挥"不停滞"的精神,认为管理制度化只是管理必经的阶段,却不是最好的管理形态。他主张管理制度必须"义之与比",即依"理"而适时修订,同时在未修订之前,要有弹性,使管理者持经达权,因时制宜。

孔子"摄礼归义",表示管理制度化后,还应该进一步合理调整,做到制度合理化。制度合理,大家比较乐于遵从。絜矩之道是管理必备的态度,也是制度合理化。

义是正当性,正当与否是一回事,组织成员接受不接受是更重要的一回事。人如果有仁心,则大公无私,便能够明辨是非,所以仁为义本,孔子更由义推到仁。组织成员立有"道心",则其态度行为,必力求正当,而凡是合理的,也就由肯定而欣然接受。管理合理化之后,再进一步,即管理人性化。

人性化与合理化是制度化顺利有效的基础,管理者不重视人性化而追求制度化,乃舍本逐末。孔子说:"克己复礼为仁。"管理者"克己"(去私)

"复礼"（循理），便是返显仁心。具有仁心的管理者，在创立、修订与执行制度时，成员才会信服。

五、M理论三向度要合一

管理以安人为衡量标准，原则确定后，依内外环境的变迁，而持经达权，以求制宜。衡量及变通时，务须遵循絜矩之道，将心比心。安人、经权、絜矩三向度，运用时要合而为一。

管理者以安人为目的，持絜矩的心态，建立合理的典章制度，作为组织成员遵循的常道。灵活运用经权方法，将管理法则应用到管理实务上面，收变而能通的效果。

管理是整体性运作，在过程中必须环环相扣，密切配合，而且互相依存，构成有机的完整系统，才能顺利有效。

先说安人。怎么实现呢？当然需要依据将心比心的絜矩之道，分别站在股东、员工、顾客和社会大众的角度,本着设身处地的原则,体会安或不安的平衡点,寻找安的合理标准。由于外界环境和内部条件的变动,管理者必须持经达变,在动态中求取合理的调整。安人有赖于絜矩和经权的配合,才能真正发挥功能。

怎么持经达变才算是合理的应变,而不是乱变呢?安人的大原则必须成为管理者心目中不可改变的"经",然后配合时空的变迁,依据各种内外环境的变数,秉持絜矩之道的原则,做出合乎此时此地的合理调整。变得合理,股东、顾客、员工和社会大众都能安宁。

最后说絜矩。管理者将心比心,应该以安人为不变的目标,设身处地,才能获得众人的认同。否则名为絜矩,实则完全基于自己的一厢情愿,未必符合对方的需求,效果不佳。因此,管理者以安人为目标,配合各种资源和条件适时持经达权,以求合理展现絜矩的诚意,必然能够提升管理绩效。

三者都不能脱离整体,以免有失周严而减少

成效。

　　管理者具有"诚"的修养，就比较容易把持平常心，在多种可供选择的方案中"择善而固执"。以此时此地合理的为善，一旦决定，便坚持一段时间，不再变更。犹豫不定，或者朝令夕改，都不是好现象。

　　我们允许成员之间竞争，有时这也不失为安人的一种方式。虽然对部门之间的协调有些不利，但如果成员之间完全不竞争，长久下来可能会丧失斗志。人类的精神力量以一张一弛为适宜。长期紧张缺乏弛缓调剂，必然会因疲惫而衰竭；长期弛缓，完全不紧张，也将由松懈以至于麻木。适时持经达变，只要絜矩得宜，便应该加以制宜。

第五节　M理论三大要项

　　西方管理强调把事情做对，以事为中心。中国的 M 理论强调通过合适的人把合理的事情做好，以人为本。我们强调有人才有事，所有事情都是事在人为，只要把员工安顿得好好的，他自然会动脑筋把事情做好，不用管理者太操心。

同样的忠诚，中国人是对人的，西方人是对事。

员工要靠我们去塑造。在选拔干部时，我们多半会去拜访他的家庭，看他和父母相处的状况，来判定该信任他到什么程度。一个人连父母都不放在心里，怎么会把老板放在心里呢？我们要的是纯真的人、可以同甘共苦的人，事业发展顺利的时候大家相处得很好，万一碰到难题，这样的人也不会马上就跑。

这样的人塑造出来以后，我们就可以把重要工作交给他了。一开始，我们不会交代他太多工作，会看他有没有用心投入。我们要的是办事的人，不要办公的人。环境在不停地改变，不能一直按照前例办事。根据情况变动不断去调整，修改前例规定，才是真正的用心。

许多管理者经常弄得部属无法做事,应该自己反省。我们要员工关心工作,要帮助他把心投入进去。

《大学》中讲:"所恶于上,毋以使下;所恶于下,毋以事上;所恶于前,毋以先后;所恶于后,毋以从前;所恶于右,毋以交于左;所恶于左,毋以交于右。"意思是上面的人对我这样做,我很不高兴,就不要用这种态度去对我下面的人;下面的人对我这样的态度,我一肚子火,就不要用这种态度去对我上面的人;左边的人对我这种态度,我很不高兴,我就不要用这种态度去对我右边的人。其实就是将心比心。

主管做得好不好,就看命令能不能被顺利执行。这不完全是部属的事情,与主管自己有相当大的关系。如果双方互信互谅,站在不同的立场互相包容,互相尊重,事情就做得好,而且做事的过程不会草率,员工才有时间按部就班地把事情做好。久而久之大家养成习惯了,这套管理才长期有效。

一、安有各种不同状态

安有不同状态。

(一)依程度而分,有小安和大安的区别。

"让少数人先富起来"就是小安。可是永远只是少数人富起来,社会会乱,所以要让大多数人也过上富足的生活才是我们要努力的目标。没有小安,也不可能一下子大安。但是也不要固定在小安上,要推到中安,再推到大安,就是推己及人。

(二)按范围的广狭,可分为寡安和众安。

寡安是少数人安,众安是多数人安。一定先把部属安顿好,部属才有办法去安顿员工。少数人安时,要考虑到多数人会有什么感想。由小安推到大安,由寡安推到众安,慢慢把差距缩小。孔子说:"不患寡而患不均。"大家都穷没有什么,有人太富裕,有人太穷了,社会就不安定了。

(三)从维持的时间长短来看,有暂安,也有久安。

（四）从效果的虚实来判断，有虚安和实安的不同。

有的安是虚的，经不起考验。虚安会带来更大的不安。管理要"安内攘外"，这是中国古老的思想，今天同样适用。不能过分强调内部竞争。内部一竞争，大家就开始笑里藏刀，本位主义色彩浓厚，部门之间的距离会越来越大，越来越不团结。因此对外要竞争，对内要相互辅助。同业之间既联合又竞争。同业之间不能完全竞争，最后你死我活，同归于尽，但完全联合就是垄断市场了，所以要既联合又竞争。

企业的"安内攘外"，务必以大安、众安、久安、实安为目的，切忌以小安、寡安、暂安和虚安为满足。

但我们没办法一步做到大安、众安、久安与实安。小安有时可以导致大安，寡安乃众安的基础，暂安足以延伸成为久安，而虚安又是实安的一种手段。我们应由小安慢慢变为大安，由寡安推到大家都安，但必须时时警惕，勿因小安而害大安、因寡安而害众安、耽于眼前的暂安危害了长远的久安，或者误认虚安为实安，因而讳疾忌医、粉饰太平，一朝幻象消失，就急救无方了。

二、虚安也是一种手段

领导可以对部属讲实话吗？可以对一般员工讲实话吗？如果我们把员工集合起来，说行业竞争非常激烈，依目前状况来看，公司非常危险，如果大家不好好做，说不定什么时候公司就倒闭了，恐怕第二天员工就全跑了。忧患意识是中高层的事情，不是一般员工的事情。我们不能对一般员工讲这种实在话。你要激励他，安慰他，给他愿景，给他希望，他才会留下来。这不是欺骗，而是虚安。大家认真工作，齐心合力，公司会一天比一天好，这也没有骗人。虚安就是打气、安慰、激励，给他信心和希望。所以，虚安是一种手段。

在管理实务上，不太可能一下就达到大安、众安、久安和实安的地步，得一步一步来，不停滞就可以了。

小安有时可以导致大安，有时则会造成不安。例如，公司要派人到国外去观摩学习，每次最多派两个人，不可能一下去十几个，或者谁愿意去谁去。名额是有限的，机会是不足的。因此公司要轮流安排人员，先去的人会很高兴，这是小安，后去的人很生气，因为经常是公司发现员工观摩学习以后，没有太大作用，活动就停了，后面的人员就不能去了，这就造成了不安。

三、经权为致安的途径

持经达权如果不是为了求安，就会导致不安的后果，反而有害无利。权宜应变是为了求安，所以经权是安人的途径。

如果要变，要越变越安才可以；一变就不安，千万不要变。为什么很多人不喜欢改变？原因就是他们的既得利益会受损，他们就会抗拒。我们一定要想清楚，如何变才不会使员工的既得利益受损。

权宜应变是为了求安，要不然变它干什么？越变越安，大家都欢迎。变了以后如果有人不安，不安的人就开始破坏。一切管理措施都需要权变，但是大多愈变愈糟，因此大家必须谨慎应变，不可乱变。

四、变时要以安为前提

管理法则原无肯定的可或不可、好或不好的分别。甲公司行之有效的法则，乙公司不一定行得通。甲组织甚受欢迎的措施，乙组织却可能相当排斥。安或不安，并非固定，所以才需要持经达权，依据管理法则来随机应变。

持经达权是中国人最了不起的观念，其中"经"是不可变的部分，否则就可能是乱变。

应变的目的,在求制宜,因此要以安为前提。能安的才变,可能导致不安的不要变。暂时的不安,如果终能长安久治,当然可变。如果我们没有办法把暂时的不安变成安,宁可拖一下,也不能急。在时机不到,没有好办法,或效果谁也不敢保证的时候,把事情暂时搁置一下是对的,急于变化就会越变越糟。

五、随时都应将心比心

我们随时都要变,但是随时都要将心比心。此时可行,并不表示时时可以通行无阻。

管理的最终目的在求安人,这是不变的常道,称为"经"。安人的条件和方法随时空而变迁,这种权宜应变,叫作权。

持经达权衡量的标准,在将心比心、设身处地上。管理者随时将心比心,比较容易择定判断的尺度。对于一切新产品的创新,我们应站在使用者的立场来考虑,而不是设计者的立场。仅站在设计者的立场,爱怎么变怎么变,就是乱变。

一定要用使用者、当事人的感受来衡量改变对不对,"己所不欲,勿施于人",依絜矩之道来互相感应是非常重要的。

第六节　M理论实际运作

一、管理必须制度化

制度就是制定的法度。没有制度的管理必定是乱七八糟。我们要有一套方法,大家共同掌握度。制度化管理便是制定一些法度,让大家愿意遵循这些法度去运作。这样大家才有办法合作,各部门才有办法协调,共同的目标才可能达成。

法是死的,人是活的。"徒法不足以自行",订立了一大堆法规,没有人来执行,法也是没用的,形同虚文。法规定得太严格,所有人都会受不了。

制度要人性化,要合理化,否则只是形同虚设。管理制度化,不能说是法治。我们不是不重视法,但法往往是很僵化的,是没有弹性的,是不合时宜的。

有制度可资依循,但是仍然有待人的权宜应变。所以为什么我们始终觉得,中国人的执行力不够?因为中国人知道法是法,在执行的时候应该依理变法,做出合理调整。完全依赖制度,使管理僵化不能应变,并不是良好的管理。

二、制度一定要合理

定制度的时候,一定要合理。大家只愿意接受合理的制度,不愿意接受不合理的规定。制度要怎么订立才合理?我有个建议,员工自己定出来的制度才合理。我在辅导公司时,都会这样说,生产部门定生产部门的制度,销售部门定销售部门的制度,它们有不同的性质,是不可能定相同的制度的。

营业部门一般是以业绩来看的,不管上不上班,把业绩做出来就好,做不出来统统减薪。生产部门则要求员工同时来,同时干活,才有办法正常运作。销售部门是个人跑个人的,没必要一起上下班。所以我不主张一套制度管全公司。

管理一定要制度化,但制度化的管理绝不是好的管理。所有典章制度日久疲弊,到最后都会变成形式的、表面的、官僚的。我们不可以寄望于用制度来管理员工,使其接受不合理的制度。

管理制度化能不能顺利推行,会不会收到预期效果,应视制度的合理程度而定。制度合理,是管理制度化的先决条件,也是顺利推行的必要基础。

三、制度要自生自长

要想让制度能够顺利推行,是要花一番工夫的,不是说制度公布了,就有执行力了。我们的建

议是:

(一)制度要自生自长,不可以移植。

典章制度不可以盲目从其他组织引进,以免水土不服。我常常看到很多新公司去同行那里抄一大堆制度回来使用。凡是抄来的制度都没有用,因为水土不服。制度必须自生自长,按照组织员工的实际需求来制定。制度要由员工自己来定,管理者有最后的决定权。

(二)有多少需求,就建立多少制度。

不可抄袭制度,徒有形式起不了实际作用。也不要一次就想把制度制定得很完备,那是行不通的。假如公司只有三个人,你定一大堆制度,给谁看?如有需要,再来定制度,如果没有需要,宁可没有制度。一家公司刚成立,是没必要把出差办法、休假制度等统统定好的。慢慢人多了以后,才要定这些制度。

(三)将心比心,依据员工的需求来制定制度,员工自然心悦诚服,乐于遵从。

制度应当由员工自己来定,而且让有需求的人去定。那他们会不会只定对自己有利的制度?其实不必害怕员工自私,只顾及自己而不考虑大局。真正让他们自己去定制度,他们反而不好意思不讲道理,不好意思将制度定得过分。

管理者如果能妥善运用员工之间这种平衡的力量,工作是比较轻松的。我会把生产部门订立出来的制度交给财务部等其他部门去看合不合理,他们彼此之间会有一个制衡与协调,制度慢慢就会合理了。

在审查制度的时候,最要紧的是站在接受制度的人的立场来看条文。

(四)大家好商量是安人的第一步,也是制度化的起点。

中国人你越看得起他,他越讲道理。说"你看着办",他就会很认真地去想、去做;如果说"你照着我说的去做",他会糊里糊涂地去做。"你看着办",就是你要花尽心思用心把事情做好。大家好好商量,什么事情都通过商量去解决,不要轻易否定,也不要轻易赞成,要把这种氛围慢慢创造出来。这既是安人的第一步,也是制度化的起点。

四、制度要适时修订

所有制度都要加上一个"日落条款",说明终止实施的日期。哪有制度可以永久使用的?大可明订有效期为一年,届时再行修订。"本规定到××年×月×日自动失效。"这样做看起来很麻烦,实际上很简单。期限将至时,把规章制度拿出来仔细检讨,往往不需要太大修改便可以再沿用一年。

制度常常调整,会永远合适,如果两三年没调整,就寸步难行了。制度如果长时间不修订,与现实就会有很大误差。

适时修订典章制度,以求切合时宜,是管理制度化的有力保障,使制度可以顺利施行。一年一修,稍修即可,既方便又能合乎时宜,大家遵行起来也比较乐意。因为环境是一直在变的,这是不可否认的事情。

五、依制度权宜应变

管理制度化,并不表示所有管理措施都按照规定实施。我们在执行制度的时候,也要做到权宜应变。

事实上制度永远不够周全,办法永远不够齐全。因为每个人的情况不一样,每件事情的性质也不大一样,所产生的后果也不相同。"百密必有一疏,百虑必有一失",无论我们认为制度多么周全,真正遇到问题时,就会知道根本无法可据。但无法可依据,还是要解决,只好依理而行。

任何法令,都是小系统,应有足够的弹性。没有弹性的法令是执行不下去的。管理者明定制度,一定要明白所有制度都是死的,人是活的,必须在法令许可范围内衡情论理,然后适当调整,合理解决问题,这也是管理制度化的应变行为。

依制度权宜应变是一种经权运作,同样需要将心比心,设身处地。因为人与动物相比,是相当情绪化的,我们权宜应变时不可能有固定的模式,要考虑对方的情绪和感觉。

六、务求人人都能安

制度化管理只是管理的开始,但是要合理制定一些制度,使组织成员都很乐意遵循,能顺利互动是高度困难的。

制度化管理重点在大家共同守法。制度由人创立,亦由人修订,看起来好像固定,却仍随着人事变动。制度初订立的时候,必有其外在的需要与内在的用意,此二者皆是变动的。可见制度如果不能因时因地制宜,就会僵化,形成"官僚管理",难以应付两可及例外。制度为求合宜,必须应时而造道,不可不持经达变,为求经权得宜,应该依理变法，把制度化提升为合理化。

管理者一切求合理，必然合法，如果发现合理而不合法，便证明此"法"已不合理，有修订的必要，可见制度的适时调整，确有其实际上的需要。

我们要很谨慎地订立制度，同时吸纳大家的意见，仔细修订，然后试行三个月。如果三个月后大家都觉得可以，就可以正式执行。由于种种变数，制度不合理了，又需要规定有效期，届时再行修订。如果制度本身没有进行有效化管理，就只能流于形式了。

制度化管理同样需要合理化，因而追求管理合理化。在制度内追求合理化，便是持经达权。合理不合理依人来解释，并不依制度而受到限制。因为人的安与不安才是制度合理不合理的判断标准。

管理合理化，要从管理人性化而来，人人都能安，才是真正的合理。事实上，管理是离不开人情的。空喊制度而未能合理，即"恶法"。标榜合理却不能为同人认定，便是未得人心，大概有违人情。典章制度日久疲弊，变成形式而缺乏真实的生命，只有束缚作用，就会和人性发生冲突，造成矛盾。如果管理者动机不纯正，再合理的规定也会被看成是不合理的。所以如何安人，才是管理的最终目标。安就是大家好，管理者以大家好的"公心"来感应员工，有了大家好，员工个人才能有好心情，对于一切理法，自然接纳。管理人性化，其实就是合乎人情的管理。

第三章

安人之道

安人之道是什么?就是以人为本。

企业伦理的根本要求,不外乎一个"安"字。现代企业经营的安人之道,主要体现为安顾客、安员工、安股东、安社会四个方面。

第一节　管理和伦理合一

西方人的品德修养是个人问题,和管理没有一点关系。而中国人的管理和伦理要合一,如果要管别人,首先要把自己管好,因此我们常说"你连自己都管不好,凭什么管我"。

一、管理不可偏离伦理

伦理思想为我国所固有。中国自古为"礼仪之邦",便是因为中国人普遍具有伦理观念。在日常谈话中,到处提及"良心"和"道德",一般不太常用"伦理",是以"良心""道德"来代表伦理。

有人说:"良心很不可靠,根本看不见。"老实讲，说这种话的人，等于在告诉别人他没有良心。良心就是照道理走。

中国的一切学问无不以伦理为范围，企业管理也不能例外。企业伦理对我们而言，就是企业良心或企业经营所应遵循的道理，也就是凭良心来经营管理。

管理是外在的伦理，是由内在的良心道德出发而合乎伦理的管理。伦理完全是内心世界的东西，如果把伦理变成外在的礼貌就糟糕了。西方人重视形式化的礼貌，中国人不重视形式的礼貌，却非常关心内在。一般中国人不相信别人的话，但是会相信自己的感觉。他感觉这个人很可靠，就相信了。你再三保证"我很可靠"，他不相信你，因为他觉得强调自己很可靠表示存心要骗他。

伦理是内在的管理，管理者的良心道德足以左右管理的安或不安。一个人把自己管好，就叫作伦理；把别人管好，就叫作管理。

把"管理"分清楚，"管"就是给他压力，约束他，要求他，"理"就是看得起他。人要管自己，要约束自己，要告诉自己不可以这样，不可以那样。对于别人要"理"，要看得起他。你看不起他，用什么激励办法都没有效果。

二、伦理首重良心道德

伦理是什么？是内心安不安。凡是你内心感到很安，能够心安理得的事情，大概都合乎道德要求。一般人把伦理叫作"良心道德"，所谓"凭良心"，就是站在对方的立场想一想他的感觉是什么样的。

伦理指人群的道德，道德则主要表现为个人的良心，所以伦理首重良心道德，因此我们把管理定义为修己安人。西方没有一本书写修己安人，都告诉你管理就是通过别人的手去完成工作任务。

修己安人就是每个人把自己管好，让所有和你在一起的人都安。安就是不吃亏。中国人天不怕、地不怕，就怕吃亏上当。一个人让别人吃亏上当，最后倒霉的是自己,因为吃亏上当者一定会报复的,所以"害人如害己"。和你在一起的人都不安的时候,你是最不安的。

修己安人是一种耕耘,良心道德才是它的收获。做事业、有成就都不是人生的最高目标,那是富强。凭良心、心安理得才是人生最高的目标,这叫安足。富强不一定安足,安足可富强,也可不富强。

良心是先天的,但道德可以经由后天学习而获得。后天养成好的习惯,良心就出现了。所以比如我们做任何事情先考虑别人的立场,先考虑别人的感受;想到自己时,马上想到别人。将心比心,推己及人,这是一种好习惯。

凭良心管理,可以兼顾管理和伦理,做到二者合一。

三、伦理是合理不公平

伦理是一种不公平的状态,但是要加上"合

理"两个字。伦理的"伦"字，含有参差不齐的意思。人与人之间，人格是平等的，但地位是不平等的。

伦理表示人间各种各样的关系，本来就有亲有疏，有长有幼，有上有下，参差不齐。人与人之间理想的情况当然是一律平等，大家都公平。实际上是人格平等，机会、薪酬、成就都不公平。因为毕竟资源是有限的，机会是不足的。

我们必须要了解，伦理社会追求的是合理的不公平，而不是不合理的公平。所以如果现在让大家选，一个是不合理的公平，一个是合理的不公平，你会选不合理的公平吗？一定不会。要选择合理的不公平。

公平只是理想，做不到；合理的不公平是实际，是做得到的。管理面对着机会不充足、资源很有限的情况，只能公正，实在很难公平。公正不一定公平，即合理的不公平。

我们是追求不公平，而不是追求公平。公平是很难做到的，不公平只要合理就好。

四、亲疏有别、长幼有序

伦理讲究的是亲疏有别、长幼有序，而不是一视同仁。因为机会有限，资源不充足，只能由亲而疏，推己及人。

管理必须兼顾伦理，所以有亲有疏。但有亲有疏的时候，一定要公正，否则就有私心。出于公正，有亲有疏到很合理的地步，参差不齐是应该的。

长幼之间、领导与部属之间，会讲究合理的不平等，而不是完全的平等。一般来讲，懂得道理越多的人，说话越不敢用肯定的语气；懂得道理越少的人，说话越武断。如果两个人平起平坐，一定是没有道理的人的声音特别大，有道理的人反而比较含蓄。

伦理的精神，立足于中国特有的交互性。亲疏、长幼之间都要将心比心，各凭良心。

五、安不可能没有区隔

安一定要有区隔。换句话说,先小安才大安,先局部的安,然后整体的安,由短暂的安,推到长远的安。理想的情况当然是一下全获得大安、久安、众安与实安。然而这是不可能的。

有时候我们会觉得,总是去安少数人不公平。其实先安少数人,才有办法去安多数人。我们要做的就是"推",把少数人变成多数人,让寡安变成众安,是我们要共同努力的。

安有一个逐次演变的过程,不可能一下子就达到理想境界。这种逐次演变的过程,如果秉公处理,出现若干区隔,应该是正常的。有先有后,有轻有重,有急有缓,于是亲疏有别,长幼有序,就成为合理的次序。

公的区隔,是合理的不公平;私的区隔,便是人为的不公平。公就是不会为私人的利益盘算。安不可能没有区隔,但是不可出于私心或成见,必须秉持公道。

六、依层次按顺序求安

我们待人要先从一视同仁做起,然后视实际工作表现,走向亲疏有别。

一位领导者只能亲自带少数人,让这些人再去带更多人。而不是一个领导带领所有人。一家公司的员工超过百人后,老总是不可能记住每个员工的名字的,也没必要记。领导者只能自己带第一层人,让第一层人去带第二层人,一层带一层就可以了。

一个好领导,其实做到三个字——"利公心"就可以了。"利公心"就是"我心是公正的,不会有偏,但因为资源实在有限,机会有限,不得已有不公平,否则我希望满足每个人的需求"。

站在公的立场,从工作表现、所做出的贡献来分亲疏,而不是从私人的亲戚、朋友关系来分亲疏。工作场所不讲求私人关系,只依据职场所需要的工作表现、所做贡献而互动。

第二节　安顾客第一优先

顾客能安,自然爱用我们的产品,时时不忘赞扬公司的声誉,形成良好口碑,对公司有很大助益。

一、顾客是衣食父母

企业要求生存发展,必须获得顾客的支持。顾客使企业生生不息,是企业的衣食父母。企业所有的收入几乎都要依靠顾客。

顾客能安,经营管理才有靠山。但是我们对顾客也要亲疏有别,对老顾客要更好一点,所有优惠都要先考虑老顾客。我们买机票时,航空公司会给一个会员卡,积分多了以后,航空公司会提供很多价格、服务方面的优惠,这就是亲疏有别的一种做法。因为维持着企业的是常客,不是散客。一般的散客,偶尔跟打一次交道,下次不再光顾,不能算顾客。老主顾或长期订约的客户才算是顾客,企业主要是依靠老主顾或订约户来维持。

二、顾客最冷酷无情

顾客是最冷酷无情的,所以我们必须了解顾客需要的是什么。一般来说,顾客需要的是货真价实、供应不断、态度友善、更新产品。

(一)货真价实。

人最不喜欢的是吃亏上当,顾客发现吃亏上当以后,就会认为你货不真价不实,以后你再讲什么,他都不会听了。让客户失去信心是最大的祸根。

(二)供应不断。

为什么顾客需要供应不断呢?假如他发现一种酱油很合口味,吃习惯了之后突然没有供应了,他就会很不高兴。我们常常强调求新求变,其实是很有问题的。比如爱吃某种零食的人有自己喜好的牌子，吃几年以后，假若这个品牌突然不生产了，或者改变口味了，甚至改变包装了，他都会很不高兴。

（三）态度友善。

顾客最讨厌的就是花钱受气。"客户重要"的观念只在老板、主管的头脑里，一般服务人员对待顾客根本没有这样的观念，他们还会烦顾客，认为"你们最好别来"。他们总以为工资是老板给的，根本没想到工资是顾客给的。

（四）更新产品。

这与"供应不断"的需求不冲突，企业的老产品要一直保持下去，直到顾客自己不想要了，才可以断掉。同时还要不断做出新产品来，让顾客有更多选择。如果顾客觉得新产品好，新产品就会取代老产品；如果顾客觉得新产品不好，还保留老产品。

更新产品的自主权在顾客，不在生产单位。现在许多企业的产品说断就断，零件说停止生产就停止生产，以致很多东西坏了没有更换的零件，顾客能不生气吗？经常嘴上讲服务，讲"客户第一"，实际上还是生产本位，而不是顾客本位。

顾客固然绝情，但是企业只要保持货真价实、供应不断、态度友善、更新产品的良好信用，消除顾客"花钱受气""遭受毒害""害怕上当"的不安，则市场占有率仍可确保领先。

三、要搞好人际关系

我们要和顾客主动寒暄、打招呼、问好，以建立并保持良好的人际关系。我建议对客户的资料最好有记录，但不能当着客户的面做记录。第一次你不方便问客户的名字，先记录他大概身高多少，穿什么衣服，什么特征。他第二次再来，你就比较有把握了，可以问"先生你贵姓"，他多半会告诉你的。他常来，你每次问一点，很快就能做出完整的客户记录了。

和客户打交道，必须主动积极，但是不能只想让他掏腰包。如果我们眼睛就看着客户的钱包里有没有钱,其他都不管,大多是做不成生意的。尽管表面上十分诚恳,内心却毫无诚意,顾客是马上会觉察出来的,他们是不会感动的。

顾客光临是我们的荣幸,应该心存感谢,尊重顾客才是待客之道。当一个顾客受到尊重的时候,他是不会乱杀价的,这对我们自己也有好处。

最好设法认识顾客,记住他的尊姓大名,和他结交成为朋友,让他变成老主顾。中国人和朋友是不计较的,却和生意人很计较。如果把顾客变成朋友,那将是最大的财富;你始终和他只是客户关系,他是会斤斤计较的。

记住:交易不成,人情永远在。

四、保持定期接触

如果忙着寻找新顾客,就会忽视老顾客。售后服务的意义就是定期和老顾客接触,让他告诉你很多市场变化的信息,告诉你很多亲戚朋友对你的产品的关心,你会得到意想不到的收获,才能提高销售业绩。

我们通过直接访问、电话访问或书信访问,都可能了解到顾客对公司、对商品或服务的满意度。这样顾客也会时常想起你,自动变成你的推销员。如果老顾客都能变成你的推销员,你的销售队伍无形中就变大了。

管理者要把顾客纳入管理,就要做好顾客的资料记录和整理。过一段时间就要把顾客的资料更新一次。适时寄送生日贺卡、结婚纪念贺卡、优惠券、购物券等,经常保持联系。

顾客的名片随时整理,随时归档,随时更新,以便适时问候,表达关怀。要让顾客觉得你在关怀他,他不好意思不为你做点事情。

五、发掘再推销机会

顾客如果对公司、产品或者服务有好感,会主动向亲戚、朋友介绍,这才是企业提高销售业绩的最大动力。

通过售后服务和客户保持定期接触,可以发掘许多再推销的机会,还可能获得其亲友的青睐。

所谓"300法则",便是"看见一位顾客,要想到他背后还有300位潜在顾客"。一位顾客如果真正相信、欣赏你的产品或服务,即便他自己买过一次后不可能再买,他一生也可以替你介绍300位顾客,推荐300个亲戚、朋友成为你的顾客,还不会有任何额外要求。

当一个中国人愿意不收取任何报酬替你做事情的时候,你便得到了他的信任。一分耕耘才有一分收获,不是发几张宣传单,做几次电视广告,就可以提升销售业绩了。其实商业广告已越来越没用了。人们看电视的时候,只要一播放广告,就会换台。中国人是不太相信广告的。因为中国人很聪明，知道凡是出钱去打广告的企业就是赚了顾客很多钱的企业，谁都知道电视广告费用非常高，而钱最终是出在顾客身上的。可见，凡是出钱打广告的企业，要么产品不太好，要么产品很贵。

要通过访问接触让老顾客对你越来越信任，刚开始他认为你赚了他的钱，你当然对他好，慢慢你不再赚他的钱了，仍对他这么好，可见你是真的对他好，他就会很积极地介绍新顾客，这就促使顾客变成老主顾了。

把握顾客增购或汰旧换新时机，也是再推销的方式之一。在这方面，开米店起家，后成为"台湾塑胶大王"的王永庆是做得最好的。

那时，小小的台湾嘉义已有米店近30家，竞争非常激烈。王永庆只能在一条偏僻的巷子里开一个很小的铺面。他的米店开办最晚，规模最小，更谈不上知名度了。

王永庆是怎么卖米的？他送米的时候，并非送到顾客家门口了事，而是还要将米倒进米缸里。如果米缸里还有陈米，他会自己带一张报纸，把报纸铺在地上，将陈米倒在报纸上，把米缸擦干净后，将新米倒进去，然后将陈米放在新米上，这样，陈米就不至于因存放过久而变质了。顾客看到他主动做这种事，觉得他真是替自己着想，很感动。

王永庆给顾客送完米，会顺便问明顾客家里有多少人吃饭，几个大人、几个小孩，每人饭量如何，据此估计该顾客下次买米的大概时间，并记在本子上。到时候，不等顾客上门，他就主动将相应数量的米送到顾客家里。

这样做，顾客怎么可能跑掉呢？顾客还会向邻居介绍，这样，所有嘉义人都知道在米市马路尽头的巷子里，有个卖米送货上门的王永庆。就这样，王永庆从小小的米店生意，开始了他后来问鼎台湾首富的事业。

六、消减顾客的不安

我们向顾客提供产品或服务,要站在对方的需求角度,目的在于消减顾客的不安,不能站在自己的角度想怎么做就怎么做。

首先我们要弄清楚顾客对公司、产品或服务的真正感觉。我们要去问顾客,"你为什么选中我们公司的东西"?也要去问那些不买的人,"你为什么不喜欢我们公司的东西"?两边一对照,就可以知道真正的原因了。

只问一面,往往得不到真正的答案。不买的人认为你的产品太重了;买的人,认为你产品很漂亮,这两个答案根本不相关。他认为产品做得很漂亮,你又问他:"我们把重量减轻一点,可以吗?""那更好啊!"你就得到了答案。这样,一方面外表要漂亮一点,另一方面不要太重,你就得到了比较整全的答案,否则都是偏的信息,顾客永远不会满意。

我们要不断通过访问、打听、体会，找出顾客不安的重点。一般来说，如果我们不能及时提供产品或服务给顾客，顾客是很不安的。有一家餐厅挂了一块牌子，写着：如果客人订餐后15分钟内没有上菜，今天免费。这就是一种消减顾客不安的服务态度。你能够服务到什么地步就做到什么地步，不要勉强，一勉强服务质量一定会差。

也可以采用问卷调查方式来做顾客满意度调查分析。千万记住顾客的满意度是非常重要的。顾客越来越满意，你才能持续经营。

我们要针对顾客的不安提出一些消减不安的方法，逐一评估消减不安的具体方法，加以改善。真正付诸实施后，视其成果再探讨，并力求改进。

第三节 安员工以厂为家

中国式管理就是要把家庭扩大化，扩大到员工以厂为家，化外人为家人。员工把公司当作家，就会把心交给公司。家就是我们交心的地方。

如果随便问一名员工："你的心是在家里，还是在公司？"假如他开口回答："当然在公司里了。"那他是在骗人。假如他告诉你："如果我家里安下来，我自然会专心专意在公司工作。"这才是真心话。

中国人常讲，一个人要没有后顾之忧。后顾之忧，指的就是家庭。家庭能安，他就能够专心工作；家里不安，他上班的情绪会受到影响。西方的人事管理只管员工上班的情况；中国的人事管理，除了管理员工在单位的表现，还要管员工家里的状况。

我们要以厂为家，但这个"家"绝不指小家庭，而是指家族。小家庭相当于部门，而公司就相当于整个家族。一个人如果能够把家族事务处理得很好，就可以当总经理。

公司能不能经营得好，就看员工有没有齐心协力，是不是一条心。化外人为家人，把所有不是家人的员工变成家族里面的人,让所有员工都认为公司就是"白天的家",很多问题就可以迎刃而解了。因为员工身安心乐,自然可以精诚团结。

一、各阶层都患不安

现在许多企业的各个阶层都患有不安症。

(一)高层不放心。

他们不敢授权,不信任部属,仍然事必躬亲,既苦了自己,又缺乏效率。

高层都知道要授权,但不敢授权,因为一旦授权出去,部属就会叛变。一个企业要想做强做大,又必须考虑授权。企业规模很小的时候,自己还可以管得很好;一旦规模大了,再靠自己就完了。有几个可靠的部属,企业就可以做大。我们要把人摆在第一位,找到合适的人,就可以跨出一步,可以扩充;找不到可靠的人,一切免谈。

一个人最多只能同时管七个人,这在管理学

上叫作管理幅度。如果超过七个人，就要分出层次来。比如，可以将公司的全国性业务按地区划分为华中区、华南区，华东区、西南区、西北区等。

（二）中层不称心。

遭受"上压下顶"的困难，大多不能称心如意地发挥能力。他们跟上层领导讲不通，跟员工也讲不通；下面的事情不敢向上汇报，上面的事情也不敢向下传达，承上启下实在不容易，常有力不从心之感。

中层会发现，基层员工敢顶撞自己，却不敢顶撞高层。基层员工对高层领导毕恭毕敬，回答任何问题都是"是、是、是""好、好、好""没问题"。但对中层干部毫不客气，你一问他，他就说："你自己去做！"高层领导看到基层员工时很客气，专门给中层干部难看，中层干部就是老板的"出气筒"。

这三个阶层中，员工好当，老板好当，中层干部最难为。因为中层是"夹心饼干"，无论怎么做都不容易令上下满意。

如何做好中层干部呢？我有三个建议：

第一，把自己当中层，你就会做得很好。把自己看作高层，就做不好事情。

第二，要想办法走曲线，而不是走直线。走直线就是顶撞上面，欺压下面，那谁都不会服的。

第三，切记"欲速则不达"。很多事情是快不得的。

（三）基层员工不热心。

他们感觉没有人真正关心他们，似乎在自生自灭，当然热心不起来。所以基层员工宁可上网聊天，玩电脑游戏，不断抱怨，或者互相逗乐开玩笑，也不认真做事。

所以，我们要分开来看，基层不安在哪里，中层不安在哪里，高层不安在哪里，然后才有办法逐个击破，一一去改善。

安人之道其实就是努力把这三个"不"字去掉，很多管理问题就迎刃而解了。

二、员工常见的不安

常见的员工不安,主要表现在以下六个方面:

(一)在人的方面,和上司处不好,和同事不融洽,或者人际关系不理想。

一个人和上司处不好关系,就会不安。上司不支持你,你有天大的本事都没用。和同事关系不融洽,人也会不安,一看到有同事到领导房间去,就认为是在打自己的小报告,做什么事情都不顺,感觉别人总在找他麻烦。

(二)在事的方面,难以胜任而心生畏惧,或者可以胜任而不想尽力,都可能产生不安。

员工在做事情方面,觉得力不从心,做不好工作,就会害怕。然后就开始敷衍了事,做表面文章,这是最可怕的。

凡是喜欢打小报告的员工都是内心不安的人。如果工作做得很好,他是没有必要那样做的。工作做得不好,自然要通过作怪来引人注意。对作怪的员工,你不要骂他,那样他心里会更加不安。

(三)在时的方面,总觉得不容易掌握,常常错过时机或者看不出适当的时机。

员工感觉时间一分一秒地过去,却掌握不住,不是错过时机,就是耽误事情,就开始不安了。

(四)在地的方面,场合和身份常常搞错,以至后悔不堪。

对员工来讲,有老板在场,你就没有开口说话的权利。因为你不知道老板到底要讲什么。员工要养成习惯,不管谁问,只要在场有人职位比自己高,就轮不到自己开口,这就是伦理。

(五)在物的方面,用错材料或者浪费材料也是不安的根源。

一个人出了错是不会安的。但为什么员工用错材料或浪费材料觉得不安又不敢讲?他一报告,主管就骂他。一个员工本来是很诚实的,有什么问题都会向上报告,后来挨了骂,就不再报告了,结果大家都倒霉。

在员工用错材料或浪费材料时，我们要原谅他，他才敢讲出来，然后共同处理。

（六）在心态方面，不敢多做，不肯多做，不愿意做，生怕做错挨骂受罚，都可能导致不安。

许多人满脑子都是"多做多错，少做少错，不做不错"。管理者要把错误当作一种成本来计算。只要员工不是有意的，错误成本不是大得无法承受，就要允许员工犯错，并告诉他们以后记住教训就好。

三、用患不安来测试

有一部分员工会做，但是他不愿意做；他能做，但是他不敢做；他可以多做，但是他宁可少做。管理者只是看到这样不对，却没有了解员工内心的不安。所以要用"患不安"来测试。

"患不安"其实就是进行"员工工作满意度"调查分析。只有找出员工不安的现象，才能分析其产生的原因，明白员工不安的真正根源。

员工不满意的地方就是不安的根源。比如一到中午11点多，他就开始不安了，他不晓得中午到哪里去吃饭，餐厅会不会很拥挤，饭菜会不会是冷的，然后他就开始分心，工作的品质自然就不好了。

公司的责任就是化解员工不安的根源。若是少数人不安就在少数人范围内解决，不要扩大，不要让所有人都知道。我们经常把一部分人的问题拿来当作大家的问题，结果越搞越乱，越搞越糟糕。

有时候公司一个措施不妥，员工就走了。最可怕的是好人都走了，坏人留下来了。因此员工为什么走，我们要分析。

员工对工作和环境不满意的地方，我们要分开去了解。员工对环境不满意，他会走；对工作不满意，他会恐惧，怕你让他走。一个是他自己想走，一个是怕你让他走，他都会感到不安。

员工的工作做得好，他对环境不一定满意；员工对环境很满意,他不一定能胜任工作。所以我们一定要了解员工,看他能不能胜任工作。员工为什么满意,为什么不满意,都要调查,对比员工为什么满意和为什么不满意,就可以找出员工"患不安"的真正原因。

四、使员工身安心乐

管理的目的就是使员工身安心乐。员工身安心乐,表示对工作和环境相当满意,乐于长期努力工作,他是没有理由要离开公司的。

员工对工作和环境都满意,身安心乐,情绪就稳定,会专心工作,全力投入,工作当然很有绩效。

尽力而为和全力以赴的意义是不同的。"我尽力",其实是应付应付;"我全力以赴",是不顾一切地投入。如果一个领导只能做到让大家尽力而为,员工就会越来越不尽力。我们没办法勉强一个人全力以赴,除非他自己愿意。员工自动自发、愿意全力以赴的时候,是谁都挡不住的。

最好的管理办法是要细心找出员工不安的原因,然后想办法加以改进,使员工身安心乐。员工身安心乐,三个阶层才能各得其安。我们的目标就是高层放心,中层称心,基层热心,大家都安。

在三个阶层中,中层先称心如意了,其他人才能安。中坚干部能够称心如意的时候,高层才可以放心。中层不称心如意,高层是不敢放心的,基层员工也是不会热心的。一切安的关键都是建立在中层的称心如意上的。第二步才是基层员工的热心。基层员工全力投入、全力以赴了,高层才可以放心。

中国式管理是以中层干部为核心的,最应该培训的是中层干部,告诉他怎样承上启下,怎样圆满完成任务。

五、有效的安人之道

要使员工身安心乐,必须做到以下各点。

（一）营造愉快的工作环境，分派可以胜任的工作。

领导者的责任之一就是营造愉快的工作氛围。聪明的管理者不会鼓励内部竞争，而是提倡大家互助合作、彼此关心，然后指派他们可以胜任的工作。

（二）给予适当的关怀与认同，促成同人之间的融洽与合作。

彼此关怀，大家都安；失去关怀极易引起猜疑和反感，形成不安。

我们关怀和认同员工，该接受的我们接受，不该接受的还是不能接受。这样彼此会磨合得比较好。人与人之间、人与事之间的融洽与合作要靠不停地磨合。

（三）订定合理的薪资制度，提供适当的升迁机会。

员工薪水太低了大家会不安，薪水太高了引起同业和社会大众的怀疑和指责亦不能安。该升的升，不该升的不升，大家自能心安；升迁不当或不合时宜,均将导致不安。

合理的薪资制度是橄榄球形的。年轻人刚来时,薪资是比较少的;随着年龄增长,薪资会逐渐升高,到了某个年龄以后,薪水又开始减少了。

(四)考虑合适的福利,给予安全合理的保障。

工作有保障,心即能安;动不动就解雇,或存心排挤,员工便不能安。人最怕的就是临时失业,发生意外,没有人照顾。我们要配上一些福利制度,让干部、员工感觉有保障。

(五)建立合理的管理制度,实施合乎人性的中道管理。

我们推行人性化管理,目的是使大家感到在企业里受到尊重。

中国人重视面子,如果得到尊重,就能心安;否则便会不安。对于只爱面子不要脸的人,千万不可以姑息通融,不然也将引起组织成员的不安。

员工希望获得良好的工作环境、合理的工作报酬、公平的升迁机会、适当的工作保障、表达意见的机会。企业必须努力做到全面照顾,消除员工随着年龄的增加,痛感自己的价值年年降低的不安,才能要求员工以厂为家。

六、视员工如家人

在安人之道方面,首先要把员工看作家人。家是互相协助、互相激励的"利害共同体",而不是简单的"利益共同体",因为它不完全是利益的,有害处也谁都跑不掉。太强调"利益共同体",会造成大家只想好处,不想承担坏处。公司所有员工要同甘共苦,尤其是共患难。

领导者的重要工作就是"化",即把不是家人的员工化成家人。如果你把组织领导得如一家人,自然精诚团结。员工就会常常替公司着想,会尽心尽力以厂为家。

第四节　安股东持续发展

股东愿意投资,企业才能生存发展;股东急于回收资金,企业发展就会受到限制。

一、股东是企业的投资者

股东是企业的投资者,企业希望生生不息,持续经营下去,股东安或不安是关键。当股东觉得企业发展很有前途时,是乐意投资的,他会劝企业不要分红,把盈余投进去,甚至要求进一步增加投资,把事业做大。如果他一开始就十分关心"几年可以回收资本",那么企业是做不好的。所以股东的态度,对企业能否持续发展,有着十分重要的影响。

股东最关心的问题,不外乎财务和业务状况是不是正常,股息的发放能否平稳且较为优厚,投资的安全有无保障?股息能不能按期发放?股东和经营者的矛盾就是以下两个问题。

第一，钱的流向。股东关心钱的两个问题：一是企业有没有赚钱，二是企业赚的钱到哪里去了。如果他发现企业赚了钱不分给股东，弄到经营者自己的口袋里去了，那他不翻脸才怪。

第二，人的来路。股东会关心企业用的是什么人。股东对经营者最不放心的就是有一天企业赚钱了，却隐瞒股东。

企业要持续发展，好好经营下去，首先要安股东。只有股东安，他才不急着把资本收回去；股东不安，会把股份卖掉，把资金收回去。股东要求退股或者不愿意继续投资了，企业就很难生存发展。

往往是企业经营很顺利、感觉很赚钱的时候，发觉资金不够了，开始考虑增资问题。只有增资，才有办法扩大生产，增加市场份额，企业才有很好的前途。假如这时股东不愿意增资，企业恐怕只能望洋兴叹了。

二、报告财务与业务实况

股东最担心的是血本无归,投资被别人在不知不觉中挥霍殆尽。因此,股东关心企业的财务和业务状况,他们总是凭借资产负债表和损益表来评估企业业绩,这两方面运作正常,股东就会比较放心。

企业应该加强财务管理,做好资金的分配、运用和管制工作;也应该适时拓展业务,保持合理的市场占有率;同时把有关财务和业务的状况编成简明扼要的定期报告,如期寄给股东。为了方便股东阅读与了解,这些报告要简单明了,少用专业术语。

三、分配优厚平稳的股息

股东一方面害怕血本无归,一方面则希望获得较为优厚的资本报酬。企业必须按期发放平稳且较优厚的股息,股东才会感到安全有保障。

股东最希望的就是企业能够如期发放股息,如果股息刚开始很优厚,一段时间后就不见踪影了,也会使股东害怕,担心是不是股息被吃掉了?因此股息分配一方面要优厚,一方面要平稳有保障,才能使股东心安。

股东希望企业不但要赚取优厚利润,而且要稳定经营,持续发展。因此,投资者往往希望经营管理企业的人随机应变,又担心他在投机取巧。企业按照政策法规运作,按照市场调研的结果去研发产品,脚踏实地地去求发展,投资者是比较放心的。

四、给予投资的安全保障

企业经营当然具有风险性。股东的要求,则是投资要有保障。企业的决策必须戒慎恐惧,根据完整的资料,加以周详的分析,一切力求合理,减少风险,保障股东的投资安全。

那么,如何做出合理的决策,是对经营者智慧的考验。我们建议对任何事情,慎始、三思、随时机动调整。

(一)慎始。

刚开始就要小心,千万不能大意。第一步走错了,整个方向都错了,虽然可以调整,但是太费劲了。所以"谋定而后动",就是说要先做好计划。

先进行可行性分析,看看到底有多大风险,能不能承受风险。如果承担得起这个风险,就可以试一试;如果承担不起,干脆放弃算了。我们承担不起,别人承担得起,那就让他去做好了。不必争这口气说"别人能做,我一定能做"。在经营管理上不需要这样。

(二)三思。

任何事情都要"三思而后行"。"三思"不是说想三遍,而是想想最坏的结果。如果最坏的结果是这次投资失败了,大家都觉得无所谓,那就可以决定投资。人有时候是不能不冒险的。完全不冒险,连第一步都走不出去,还能发展吗?想完最坏的结果,就想最好的方面,知道结局不可能那么坏,也不可能那么好,就可以掌握事情的精髓。

(三)随时机动调整。

计划不是定下来就不能变了。计划归计划,做归做。计划如果可行的话,我们当然按照计划去做;万一计划遇到了障碍,无法按原计划走下去了,我们就要调整。这就叫随机应变,但是随机应变很容易变成投机取巧,千万要注意。

五、如期发放股息

空言不如实行,股息如期发放,既可以使股东预先做打算,对股息再做有利的运用,也能够证明企业的财务、业务报告真实不虚。

如果企业确有盈余,但是现金不足,不能按时发放股息;或者有盈余,却希望抓住机会用来扩展业务,不能如期发放股息。但是股东并不知情,以为企业言而无信,就会引起怀疑。这种情况,应该及时向股东说明,征得大家的同意,改发财产股息或期票股息,使股东安心。对股东要有一致的口径,让他不要起没必要的疑心。

多和股东沟通,尊重股东的意愿和权益,是安股东的有效途径。因此,我们向股东报告的时候,要站在他的立场,在他听得懂的情况下,具体说明公司的财务和业务状况。

第五节 安社会形象良好

分享是一种美德。一个人发财了,要造福家乡,在家乡修桥、造路、盖学校。

企业是有社会责任的,为什么说"无商不奸"呢?因为有的企业只顾赚钱,不想社会后果,不考虑对周围环境的影响。"无商不奸"的恶劣形象是企业发展的致命伤。企业形象不好,想留人也留不住,员工和顾客迟早会心生反感而跑掉。

善尽社会责任才能塑造良好的企业形象。企业要与社区分享。现在许多企业发展起来后,会修缮社区道路,帮助建设城市。

企业懂得和社区分享,社区就会帮助企业到处宣传,帮助它树立好的社会形象。我也发现一些企业,不管杂志、电视等媒体怎么吹捧,一到当地,就会听到很多对它们不满的声音,这就是它们不懂得和社区分享的结果。

如果社会反企业情绪高涨,表示社会大众对企业失去了信心,心有不安。企业必须善尽社会责任改变大家对企业的看法,才能获得大众的尊重、支持与欢迎。

一、为国家创造财富

企业要有"共同为国家创造财富"的理念,诚信纳税。国家有税收才有办法去建设和改善公共设施,开展社会福利项目。社会上有太多人需要帮助。

我国目前正处于经济快速发展时期,财政要拨付大量资金去搞经济建设,所以中国人需要团结起来,依靠每个人、每一家企业为国家创造财富。

第一,要配合国家政策,经营与国计民生有关的正当企业,不可从事非法、害人的不正当业务。

第二,遵守政府相关法令,依法缴纳税款。

第三,按部就班地、有计划地发展企业。

第四,把赚取的利润一部分继续投资在正当事业上,一部分投入公益慈善事业。

第五,积极开发和利用资源,以提高核心竞争力,为国家创造更多财富。

二、为社会增加就业的机会

企业一方面为国家增加了财政税收,一方面为社会增加了就业的机会。

人民充分就业,人尽其才,国家才可能富强,人民才可能安居乐业。失业率增加,无业游民增多,社会就不得安宁,会变得非常动荡不安。

我们要降低失业率,使每个人都能有就业的机会。我觉得"小康"这两个字意义非常深刻。我们当然不愿意再过饥寒交迫的生活,但是我们的目标也不是要过富人的生活,而是要过"小康"生活。"小康"就是中等生活水平,生活过得去,但是不奢侈,也不能奢侈。

创立企业、经营企业,可以增加就业机会,对安定社会有很大贡献。有能力的人最需要的就是工作机会,这样才能表现能力。国民有充分的就业机会,人力资源得以有效运用,国家会逐渐安定、进步、发展起来,社会会越来越和谐,越来越进步。因此,为社会增加就业机会,这就是企业家对社会的最大贡献。

三、让家长放心子女来就业

家长希望子女顺利就业,学以致用,帮忙维持家计。家长更希望子女从事正当行业，不要去做不正当的事情。

企业为了让家长放心他们的孩子前来就业，必须目标正大，经营的业务相当有意义，对人们日常生活所需的衣、食、住、行、育、乐等有帮助。

子女就业以后，如果养成很多坏习惯，对家长来说，当然十分痛心。他本来不会赌博的，结果到公司之后学会赌博了；他本来不会抽烟、酗酒的，到了公司不久学会了。这是谁的责任？自然是公司的责任。

所以企业要管理得当，让员工养成良好习惯，家长才会安心。企业管理良好，用心教导员工，员工便会养成好习惯。他带动家人也形成好习惯，整个社区的风气也会慢慢受到影响而愈来愈好。

企业不只是学习型的，还应该是教育型的。企业不只是供应产品，还应替社区营造良好风气。如果员工很有礼貌，很守规矩，重视家庭教育，那么企业即使赚钱很少，我相信也是很有成就感的。

四、成为民众欢迎的好企业

21世纪企业发展的方向就是要成为受民众欢迎的好企业。目标正大,经营业务正当,产品经得起检验,管理效果良好,自然会成为受民众欢迎的好企业。

好企业应该每年定期向社会大众开放,欢迎他们来参观,实地了解企业。然后他们自然会向社会传播,企业形象也会越来越好。企业管理良好,员工就不会闹事、扰乱秩序,更不会危害社会的治安。员工又可以学到许多东西,使自己继续成长,身安心乐。企业与社区相处得很好,家长也放心让孩子在这里就业,自然会千方百计帮助企业发展。

第六节 安人之道五要领

做任何事情,一定要掌握要领,这样会简单、方便、有效。安人之道要从观念开始,从建立共同认识开始,然后一步一步合理调整,效果会越来越好。

一、安人之道三阶段

安人之道可以分为三个阶段和两个要领。

(一)第一阶段:建立共识。

务求大家有共同的理念和评估标准。企业成员以安人取代利润目标。举凡一切言行,都要以整体安宁为依归。大家切实体认仁就是推己爱的心以爱人,自己要求安,也要使别人能安。唯有安居乐业,员工才能由向心而同心,产生信心,激发其忠心,于是业绩提高,工作士气高昂,不言利而利自来。

(二)第二阶段:探究不安。

各阶层主管都要尽力了解、关心部属,用"患不安"的测试来探究显露的或潜在的不安。想办法把员工、顾客、股东以及社会大众不安的地方找出来,明了他们不满意的原因。

(三)第三阶段:消除化解。

可以消除的不安,应该及时设法消减;一时无法解决的,也应该表达关怀和歉疚,使其充分谅解,不致积压抑制,以求安员工、安顾客、安股东,以及安社会大众。

除了以上三个阶段外,还要加上讲求方法和注重效果两种要领。

(一)要领一:讲求方法。

爱是珍惜、关怀,不是讨好、施恩。我们要看得起员工,敬重他们,而不是一味顺从他们,以至爱之适足以害之。在领导、沟通和激励方面,我们用中国式方法才能合乎中国人的性格。方法对的时候,会越来越轻松;当我们感觉越来越劳累时,方法一定有问题,这时就要改变方法,而不只是抱怨。

(二)要领二:注重效果。

任何措施都应该追踪考核其效果,发现不理

想，立刻反省所采取的态度和方法是否妥当。否则为什么说了老半天，费了很大劲，大家仍然爱搭不理的？千万不要抱着"我已经说了，已经厉声痛骂过了，听不听由你"的心态，因为一次无效果会带来更多的无效果，必须尽快扭转此形势才好。

安人之道的第一到第三阶段，都需要讲究合理的方法，并且追踪考核，不停去改善，以确保良好的效果。因为合理是变动的，不可能停顿下来。

二、首先要建立共识

组织应该是少数志同道合的人组合成的团体，大家应该有共同的认识。依照共识来办事。在理念导向时代，企业在选择员工的时候，要挑选理念与大家相同的人，而不是能力高强的人。能力很强，却专门跟你唱反调，要这种人干什么？企业目标是很明确的，员工数量是有限的，招员工是来工作的，不是来唱反调的。我们不是不欢迎有意见的员工。如果真的了解企业，可以提出意见；如果你不了解企业，提一大堆意见有什么用？

大家有共识，安人的理想才会一致，安人的标准才会相同，才有可能成为同甘苦、共患难、荣辱与共、互利互助的利益共同体。如果理想、目标不一样，连标准都不一样，还是分道扬镳、各走各的路比较好。

所以我常常劝年轻人：你到一家公司应先问自己能学到什么，而不是先问能赚多少钱。凡是先问能赚多少钱的人，是不会有出息的。第二要问出去后人家会不会看不起你。如果会，那赚再多的钱也没意思；人家看得起你，表示这家企业形象不错。你可以学到很多东西，企业发展又有前途，就不要轻易跳槽了。

我们对管理的意义、功能、目的要取得共识。有了共识以后，大家才会步调一致。当然，有人步调快，有人步调慢，这时候就要调整，快的人慢一点，慢的人加快一点。大家同心协力，才能产生强大的组织力。有共识,大家才能互相体谅,共同向前迈进。

三、其次应探究不安

建立共识之后,大家对安与不安有了比较清楚的分别,界定的标准也比较一致,就可以根据安与不安的标准,把个人的不安、部门的不安以及整体的不安寻找出来。

员工个人有什么不安,就和员工个人谈;部门有什么不安,就和部门员工谈;公司整体有什么不安,就把相关人找来一起谈。所有不安都不要放过,因为小的不安会变成大的不安,少数人的不安可能会变成多数人的不安。

老板的责任是看部属有没有尽到责任,而不是告诉部属怎么做。部属的事情由部属自己去解决。老板只看他做得合理不合理,如果做得不合理就指点他,所以要让部属去了解员工的不安。

要分别追究不安的原因,连续追问几个"为什么"。

凡有不安,都应该列举出来,当作线索。有时候探究下去,才发现原来不是因此而不安,是另有原因。企业经营有许多正待改善的不安,具体如下。

第一,经营方针不明确的不安:经营者没有明确经营的目标和方针,只是盲目投机,抱着"捞一把"的心态,形成一窝蜂的不正常现象,造成企业界的不安,连带使得员工也不得其安。

第二,缺乏技术开发能力的不安:祖传秘方加上仿制技术,使得企业界难以快速引进外来的新技术,逐渐因技术升级缓慢而不安。

第三,不能重视人才的不安:中国传统最重视知人之明,最讲究用人之道,现在由于过分相信考试、测验,把识才、觅才、聘才、礼才、留才、尽才的方法丢掉了,难怪人才越来越不安。

第四,小资本经营缺乏竞争力的不安:中国人其实并不是个个想当老板，却由于"明主可遇不可求"，再加上企业不重视培训，未曾让大家了解老板难为的苦经，以至"初生牛犊不怕虎"，个个力争成为创业者。大企业想伺机吃掉小企业，小资本经营者投靠无门、合并无望，虽然悔之晚矣，却又为了面子不得不苦苦支撑，真是朝夕难安。

第五，家族式经营的不安：家族企业有很多好处，也十分符合中国人的民族性，可惜经营者不是不知授权，而是不敢授权于外人；不是不想增资扩展，而是外人不想轻易投资；不是不希望借助外力，而是不知如何让外力为其所用。这种情况下，家族式经营容易形成"进也不是、退也不是"的不安。

第六，人力未能开发的不安："千里马"多的是，只是潜力不能得以充分发挥。企业界误用一些不符合中国人性格的领导、沟通、激励方法，结果越管越糟，也越来越招致不安。

第七，劳务对策未能因应时代潮流的不安：企业管理者忽视了劳动时间的缩短、效率的提高、工作环境的改善等劳务对策的调整,以致员工情绪不安,逐渐引发劳资纠纷。屡次冲突不但造成企业界不安,甚至整个社会都不得安宁!

第八,未重视整体发展的不安:企业的危机是多元的,人事、财务、销售或生产,任何一环遭遇重大困难,都会立即陷入危险中。对于整个社会来说,企业发展也是多元的,每个行业都和其他行业有所关联。如果行业之间不讲求均衡发展,企业自身也不重视整体改善,就会有"见树不见林"的不安。

四、然后要消除化解

我们找出不安的原因,还要针对这些不安设法化解。我们要小心,并不是所有的不安都要化解,也不是所有的不安都可以化解。有时候,员工稍微有点不安,反而是一种激励的能量。因为人太满足了,就会不求上进。

我们至少要将不安分成三个层次,分别消除化解:

(一)能够做的,马上做,不要拖,让大家觉得你很有诚意,也很有决心和魄力。

比如,员工感觉中午要跑很远的地方去吃饭,太不方便了。为员工设个食堂,让他们自己去管,是很容易做到的。记住一点:公司千万不要插手去管,否则员工就会产生怀疑。让员工自己成立伙食委员会,让他们自己去管,想外包就外包,想自己做就自己做。

(二)实在做不到的,要明白说出来,让大家死心,另外想办法。不要吊大家胃口,结果大家灰心,失去信心。

中国人是非常愿意好好商量的,但你不能骗他。因为中国人很聪明,你一骗他,他马上就知道了。如果你告诉他,他的意见很好,但是目前解决有困难,至少三年内不行。他就死心了,会退而求其次，另外想别的办法。

（三）需要一段时间才能解决的，给大家一个时间表，大家会耐心等待，不再烦躁不安。

大家既然是一家人，没有什么是不能说的。比如，员工天天挤公交车，搞得精疲力竭，要求上下班有公司的车接送。我们就说："这个想法很好，公司也有这个计划，但现在没办法做到，因为目前公司财务负担不了，而且大家住得分散，上下班接送会浪费太多时间，可能三年之后才能实现。"这样员工是能够理解的。

由此可见，这三种化解不安的方法没有一种是在欺骗、敷衍员工。

五、随时讲求方法

无论建立共识、探究不安，还是消除化解，都要讲求方法。只有方法适当，做起来才会轻松愉快，而且确保有效。

（一）建立共识，要多沟通，少用强迫的方式，多启发，多诱导，使大家自动建立共识。由内心发出的，才是有效的。

我举个例子，公司如果想制定一套薪酬激励制度，有好几种方法：一种是请外面的专家来设计；另一种是领导自己设计，然后公布实行。其实这两种都不是好办法，因为员工不会认同。我们可以把它变成一种活动，让全体员工都来参与。先问问大家："公司需不需要薪酬激励制度？"让员工发表意见。如果多数人都说不需要，就暂时不要去制订了。如果多数人都说需要，完全可以让他们去制订。员工参与的结果，就是他们会很关心；他们关心的结果，就是认同；他们认同的结果，就是很乐意去执行。

能够让员工参与的，尽量开放给员工，让他们有参与感，将来效果会好。如果不能全员开放，最起码也要请大家选出一个委员会，让委员会去做。

（二）探究不安，要多方思考，务求找出根本

原因。

（三）消除化解，更要有一套有效方法。不但有效果，而且要避免化解带来的后遗症。

管理要求安人，而方法是不固定的，要因人、因事、因地、因物而做出不同的选择，不能说一套方法通用天下。安人的方法必须因应时空的变迁做调整。

例如生产部门与销售部门平日偶有意见不合，只要彼此能够协调解决，相安无事，总经理就应该装作不知。切忌摆出法官姿态，让双方当面对质，以辨孰是孰非，这便是制造不安。假装不知道，并不是真的不知道，还要暗中设法消除两部门相争的根源。务须充分照顾有关人员的面子，以免引发其他不安。

化解纷争却带来严重后遗症，是以制造问题的手段来解决问题。唯有化解问题于无形，才是合理的解决，因为不致再度制造不安。至于非常时期，举凡生产、销售之间的争执，足以导致机构整体的不安，总经理必须挺身而出，审慎处理，以求团体的安。事实上，这就是管理上"例外原理"的应用。

六、样样都注重效果

建立共识，探究不安，消除化解，要讲究方法，更应该追踪考核，评估其效果。有效的管理才是大家需要的管理。

管理的有效性十分重要。发现效果不理想，要马上反省所采取的态度和方法是否妥当。

中国人到底是重视过程，还是重视结果？有两句话，一句话叫"不以胜败论英雄"，表示我们不太重视结果，比较重视过程。另外一句话"成者为王，败者为寇"，又表示我们很重视结果。因此，我们是过程和结果并重的。

中国人常说"听天由命"，只要你尽了力，就什么都不必计较了。我觉得这是中国人的聪明之处。只问你有没有尽力,结果好坏没关系。如果你没有尽力,那你就要对结果负很大责任了。

我们要走正道,要清楚管理的最终目的是修己安人。我们很重视效果,也非常重视过程,从头到尾都要照顾好。我们要慎始善终。事情刚开始要很谨慎,最后只要合理,就心安理得。

第四章

经权之道

经权之道从《易经》来,自须含有"简易"精神,即易知易行,中国古代哲人深知:平易的道理易于了解,易于了解的道理才有人亲附;简易的方法容易照着实行,才能行之有效。经权之道效法乾坤简易的道理,普遍为中国历代所推行。

第一节　经权是安人的方法

一个人安或不安是随时会变化的。没有可靠的部属,你是做不了大事情的,一旦有了可靠的部属,你又要提心吊胆了,担心他会变成你的敌人。但安人是非常难的,所以我们一定要持经达变。

一、"经"是组织成员的共识

"经"就是同事彼此之间有共识,不可违背的原则。管理一定要按照规范行事,管理要有依据,这个依据就是共同的认识、管理的原则,也是管理的规范。

例如,我当主管时,规定员工不管什么事情都要让我知道。如果有事情不让我知道,我就开始怀疑你是不是想骗我?如果没有这个原则,底下人就可以自作主张了。但做主管,假如事无大小统统都要知道,那岂不是累死吗?所以,我加了第二条原则:我什么都不管。员工大小事情要统统让我知道,但是我什么都不管,这样我就可以做好主管了。

企业应该有自己独特的经营理念,由经营理念来建立一套经营管理原则,作为全体成员的共识。这套经营管理的原则,是谁都不能违反的,这就叫企业文化。

"经"要大家一起来念,才会产生作用。如果一家企业,老板有老板的想法,部属有部属的想法,员工有员工的想法,在管理原则上搞多元化,那恐怕得准备关门了。因为见仁见智,管理会很混乱,永远没有秩序。

管理的原则要组织成员共同遵守,这样才有纪律,员工才会产生一致性的力量,管理才会产生效力。否则各搞各的,力量就抵消内耗了。

在变动的环境中,常数是十分重要的。因为一切都在变,但一定要有不变的原则,不管环境怎么变,我就是这个样子,慢慢信用就建立起来了。有家石油公司,在油价上涨的风波中,保持油价不变,逆势操作,结果赚了很多钱。所以环境越变动,你越需要有常数,这叫作"变中之常"。

市场是变动的,但是好卖的商品永远有共性:价格便宜、品质优良、服务上乘,这些是不会变的。有一次我到厦门,朋友带我到鼓浪屿去游玩,他说鼓浪屿有一种很好吃的点心,很多家都在卖,每家都标榜自己是正宗的。他说:"曾老师,你看看哪一家才是正宗的?"我说我不用看就知道哪家是正宗的,你去看卖点心的人,哪个脸色最难看,他的东西就最正宗。因为他的东西好,他不需要给顾客赔笑脸。

二、"权"指配合时空的态度

"权"就是权宜应变的意思,我们为了适应当前的环境，不得不做出一些改变，以求制宜。

一个人要变，应是不得已才变。假如一切很好，为什么要变呢？现在许多人受西方影响，认为即使再好也要变，变就是对的，结果到最后无路可走。

一切道理都必须配合时间和空间而调整。变和调整是有区分的。中国人的变其实是调整。管理原则，当然也应该在时间和空间的变动中求取平衡点。我们要根据原则来做调整。

时间或空间一改变，原则的运用也要随之调整。为了配合时空的需要，要做出密切配合的调整，等于造出一条新的通道。但在时空不需要变化时，我们仍应回到原道上来。变是一时应急的，不是变就是好的。

人、事、地、物、时，常常在改变，所以管理的措施也应该时时调整，以求应变。但是，调整的目的是求应变，而不是为变而变。

三、安人的"经"不应该常变

我国传统思想重仁义。有些人认为,仁义管理已陈旧落伍,空谈而无所裨益。其实仁是求安的意志,义乃致安的途径,功表示安的效果,利则表现了安的收获。管理者怀着求安的仁心,丝毫不涉邪念,走上致安的义路,小心翼翼,力戒步入歧途,便是真功与正利。

孔子用合义与不合义来区分正利和邪利,企业界追求正当利润,应该以合义的正利为目标,必须摒弃暴利、短利、不法之利等不合义的邪利。

同样地,企业希望获得真功,通过正当运作以求取良好绩效,就必须明辨慎察,排除近功、虚功、僭功等假功,才能将员工的努力导入正途。

仁义是形,功利为影。仁至而又义尽,功利随以俱来。仁义是本,功利为末。欲求功利而鄙弃仁义,等于舍本逐末,所得不过假功与邪利,不但内心难安,最终亦将不能被社会大众容忍。

义即安。孔子说：天下的事情，没有一件是无往而不可的，也没有一件是无往而可的。每件事都是亦可亦不可的，其可或不可，要靠义来裁决。换句话说：任何管理措施，如果用得其宜，便可；假若用失其宜，就不可。

管理原则原无肯定的可或不可。在甲公司行得有效，在乙公司未必行得通；此时可行，并不表示时时可以通行无阻。仁的任务在于求得整体安宁，但求安的条件和方法必须因应时空的变迁，以求制宜，也就是求其合义。

企业管理的最终目的在求安人，这是不变的常道。管理原则务求以安人为总原则，是恒久不变的"经"。作为一个管理者，心中时时刻刻要存有安人的念头，不断想：我这样决定，员工安不安？我这样做决定，顾客安不安？我做这个决定，股东安不安？我这样做，社区邻居安不安？

一定是大家能安的事情才可以做，大家不能安的事情少做为妙。无论做任何决定，先想：我这样做,心能安吗?我这样处置,对方能安吗?这样一来,别人能安吗?

四、安人的"权"要随时变动

安人的原则不能变,但是安人的条件随时在变,安人的方法也应该随之适当改变,此种权宜应变,便是权。有钱有有钱的安人方法,没有钱有没钱的安人方法,紧急有紧急的安人方法,平时有平时的安人方法。

安是经常变动的。这时候能安,并不表示长久下去都能安。时间、空间一变动,原本能安的,可能变成不安。时间会改变一切,包括安人在内。

随时变动是每个人必须具备的观念和素养,要安就应该合理变动。每个人都合理调整,但基本原则不变。

权是为了安人而产生的变动,并不是爱怎样就怎样,而是应该怎么样才可以怎么样。如果我不调整,他会安吗?如果他不安,我要怎么调整呢?我这样调整效果会怎么样?

如果我们一天到晚只考虑经营利润,企业怎样才能赚钱,最后是赚不到钱的。因为人不安,就算真的赚到钱,也是不可能长久的。

五、经权要以安人为目标

经权就是不管你怎么变,都要以安人做总目标,不能偏离这个目标。依照管理的原则来随机应变,称为持经达变,或者持经达权。为求安人而变,变得更加安人,就是变对了。变得大家不安,那就是为变而变,是乱变。

安人的目标是不变的,但是如何安人则必须随机应变,才能适应时空的变化而求得其宜。安人必须持经达变,因为环境不停在变,你非变不可。越变越不安,就是离经叛道;越变大家越安,就是合理应变。变不但是必要的,而且是应该的,这是求安的必经途径，但是你要花一番心思，而不是说变就变。

每个人都不可以一成不变，都应该学习持经达变的方法。但变是很危险的事情，有时候不变还好，一变就天下大乱了。持经达变就是有一套方法来变，而不是想变就变，鼓励大家变。

大家都要求安，于是都要有合理的应变力，还要以安人为共同目标，才能彼此配合，互相迁就，共同成全。

第二节 最好以不变应万变

我们中国人最高的管理智慧是以不变应万变。这句话现在被很多人误解和扭曲，这是很糟糕的。以不变应万变本身是变，中国人脑海里，从来没有不变，以不变的"经"来应用万变的权，才是以不变应万变。

一、以不变应万变是变

有些人将以不变应万变看作不变是错误的。我们必须把这种错误的观念矫正过来。以不变应万变是变，没有不变的意思，但是要小心应变。我们归纳成八个字，"不可不变，不可乱变"。

本立而道生。任何事情都有本末、轻重、大小。人只有一张嘴，只能讲一句话时，要讲根本的那句，不要去讲枝枝节节。不变是根本，变是作用。以不变的管理原则来回应万变的管理现象，便是持经达变。

原则不可变，方法应该变。如果一个人的原则变来变去，那别人就会觉得没办法配合了。无论怎样变，还是依照管理原则而行，才是万变不离其宗。

二、有所变也有所不变

以不变应万变包括两个部分。一个人变的时

候,不是完全变,也不是完全不变。人体内的绝大多数细胞每隔一定时间就要更换一次,绝大部分细胞在几年内就会被新细胞取代,身体天天在变。可是,你会变到人家认不出来吗?一般是不会的,除非你做了整容手术。再怎么变,本来的那个你没变。

世界上有所变,就一定有所不变。不变也是一种变,变也是一种不变。如果没有不变,就不叫变。

应该变的才变,不应该变的当然不变。应该变的部分是有所变,不应该变的部分是有所不变。

我举一个实例。有时候你做完一件事情后,老板对你很不满意,就问"你为什么这样做",你说"我是根据你的话来做的",老板就很不高兴。他会说:"我现在叫你去死,你不会去死。我叫你这样做,你就真的这样做吗?"下次如果你没有按照他的话去做,他也会很不满意,问"你为什么这么做",你说"我自己应变",他会说:"你就照我说的去做就可以了。你不拿我的话当话吗?"你很生气,变也被骂,不变还是被骂,那要怎么办?老板回答:"应该变就要变,不应该变当然不要变,这还用问吗?"

中国人不问要不要变,只问变得合理不合理。能不能变,要不要变,都不是问题;怎么变才是问题。应该变的,你一定要变;不应该变的,绝对不能变。

站在有所不变的立场来探究有所变的部分,才不会乱变。不要变是根本,要变是作用。从现在开始,我们无论碰到什么事情,先想不要变。不要变如果很好,那就不要变。

人是惯性的动物。我们为什么总想去某一家餐馆吃饭?就是因为它的饭菜味道很合自己的胃口。如果它的饭菜味道变了,我们就不想去了。所以,老字号的产品是轻易不能改变味道的。因为一改变味道,老顾客会不高兴的。假如老字号味道总不变,也就无法吸引更多新顾客。因为社会在改变,人们会有更多需求,你总不变,顾客就会跑到竞争对手那里去了。

坚持有所不变,大家会产生信心,否则一切都可以变,还有什么常理可言?同时重视有所变,大家才能安心,否则一切都不能变,怎么适时应变?

人一生下来就有个体差异。我们要尊重,不能勉强,这才叫以人为本。一个人很会变,你就告诉他:"你太会变了,要小心乱变。"一个人完全不会变,你要告诉他:"你这样不行,事情要朝变的方面去想,才能变得让别人更欢迎你。"对待不同的人,要有不同的方法。管理是不能有不变的模式、固定的模型的。

三、时间朝坏的方向流动

时间是朝着不好的方向流动的。因此,事情往往愈变愈糟。比如:人愈来愈老,东西愈来愈旧、坏。我们必须以人力使其朝着好方向而变,才能趋吉避凶。

一个人要权宜应变,最要紧的就是用心。我们想到要变的时候,如果马上想到不变可不可以,就开始用心了;当我们想要不变的时候,如果想到变会怎么样,也是开始用心了。

我和太太经常会到一家餐馆去用餐。我们去的时间往往是餐馆客人比较少的时候。可是每次去,服务员都会问我们要吃些什么。我觉得很奇怪,以前的服务员只要老顾客来过几次,根本不用再多问,就会按你的口味、习惯上菜了。这个服务员是有口无心的,只想到了问,没想到不问,没有用心。

还有一个例子。许多宾馆的门童在客人进来时,会喊"欢迎光临",不会微笑。有一次我要从宾馆出去,距离人门很远时就看到了门童,他也看到了我,他一直板着脸站在那里,一定要等我走到门口,才说"谢谢惠顾"。如果他对客人真的尊重,客人远远看到他时,就会对客人笑一笑,等客人到了面前说声"再见",不就可以了吗?为什么只会近距离假惺惺,不会远距离真诚微笑呢?

现代化管理造就了一大批没有脑筋的"机器

人"，这是很不幸的。所以逆向思考、逆向操作，做中流砥柱，是管理者的责任。中流砥柱，就是在河流中央的一些石头，当激流冲撞下来时，不会被冲走，永远立在那里。

从古到今的中国人都告诉我们要用心。朝不同的方向去想，这样心就出现了。

四、凡事最好先想不变

凡事最好先想不变，而不是先想变。凡事如果一开始就想改变，就会为改变而改变。一路变到无路可走。不管结果如何就是要变，可能越变越糟，越变越不好。一位老客户来了，他最喜欢的是喝一杯热烫的姜茶，你把姜茶端给他喝就可以了，干吗非要给他换一杯咖啡呢？一换他反而不高兴了。

一心一意要变是非常危险的念头。不变并不表示从此以后永远不改变，而表示此时此地暂时不改变比较好，当然不宜改变。

西方人讲不变，真的会永远不变；西方人讲变，就一直变。我们把一件东西送给外国人时，外国人说不要，就真的不要了。中国人你给他东西时，他说不要不要，最后他要了。我们讲不变，但时机一到还要变。我们讲变，应该不变时，就赶快不变。

五、不变不行才来想变

如果不变很好，为什么非要勉强去变？若是不变不行，当然要求新求变。我们依据不变不行思考，很容易抓住非变不可的重点，根据这些重点来应变，才不致乱变。变的时候，我们就要想怎样变才合理。因此我们不要去想能不能变，而要想怎么变才合理。

总之，站在不变的立场来变，会变得合理。可惜一般人一旦掉入不变的陷阱中，就跳不出来了。

中国人的一切事情，其实就是既合理又不合

理。中庸就是合理。中庸之道可以理解为现代的合理化主义。只要很合理,就可以不变;我们开始感觉到不合理了,不变不行,就一定要变,怎么变?变到合理的地步。

西方人讲究合法,中国人讲究合理。对于一家航空公司来说,可以合法拒绝身患重病的乘客搭乘航班,因为他可能会影响到其他乘客的安全,公司也有这方面的规定。如果真的这样做了,而没有想到不变不行,结果大家会骂这家公司黑心,没有感情。这种做法就是合法但不合理,不讲人道。

六、以微调整防止突变

中国人喜欢调整,一般不会突变。会开汽车的人都知道,即使在笔直的高速公路上行驶,汽车的方向盘也要不断调整,停止调整,汽车就会冲出马路。我们不调整,就要突变了。如果你被逼得非变不可,那就是因为你长时间没有调整,被迫发生突变的时候就非常危险了。

中国人没有不变的,但是很少有人承认在变。我们会变得好像没变一样,就是因为很会进行微调整。我们经常看到某甲骂某乙,说"你这个家伙讲话不算数",某乙却理直气壮回答"我说这样就是这样,从来没有改变过"。中国人调整到最后,事情都变了,还用说变吗?

一个会当主管的人上任时,会调整人事吗?大概不会,那是他自己找倒霉。新官上任后的第一条说明就是人事照旧,一切人员安定。然后三个月之内,他可以把原来的人员一个一个地调换了。凡是"新官上任三把火",一上来就说要调整人事、大力改革的人,往往过不了多久,就被调走了。

变革成功的中国人,一定是"萧规曹随"的,一切按照前任的做法做,实际上他会慢慢改变。明地里一切照旧,暗地里却全部改变。

一切都在变,只有变是不变的。但变化是有条理的,不是紊乱的,有其不易的常规。为什么有些人料事如神？因为一切变化都有规则，掌握了变化的规则，就可以预知变化，预见未来。例如，现在市场上流行的鞋子是平头的，前几年流行的鞋子是尖头的，未来几年可能会流行圆头的鞋子。如果我们明年生产的鞋子仍是平头的，可能就卖不出去了。因为人们的需求是不断变化的。

变是和常相对的，有常才有变。有经常性事务，也有例外性事务。要先把经常性业务办好，而不是专去办例外的事情。一家公司70%的营业收入是靠经常性业务来维持，30%靠意外来的收入。如果公司连经常性的收入都没有，完全靠偶然所得，那就太危险了。

经并不是不变，而是较长时间才会有较多轻微的变。较长时间，较多轻微的变，叫作微调整，可以防止突变。要记住，改善比改革要快，产品需要改善，不停地改善。产品进步太快，就是跟自己过不去，每次改变一点，顾客就满意了，给自己留下一些变化的余地。

我举个例子,让大家知道什么叫作变,什么叫作不变。一家公司如果产品生产出来以后,把原来的品牌标识、包装风格全变了,基本上是不好的。因为客户会以为这是一家新公司,或者是完全不同的新产品,对产品没有延续性认识。因此,我们要改变品牌标识的时候,可以先改变一部分,保留一部分,再慢慢把整个改过来,这样比较稳妥。

一家公司不能不变,但是变的时候千万记住三个字:延续性。产品要有延续性,不要变得让客户完全不认识。因为对任何东西来说,时间、历史是很重要的因素,经验也是很宝贵的。

第三节　经权配合四种现象

如果用正方形代表经,圆形代表权,则经权的配合有几种可能的情况,一种是内切圆的外方内圆,一种是外切圆的外圆内方,由于方、圆之间都有四个切点,这两种都叫持经达变,即权不离经。因为它们的原则性和变通性紧紧相扣,没有分离。还有一种是原则性和变通性完全分离,这就是乱变;另一种是原则性与变通性有冲突,变到违反了原则的地步。这两种都叫离经叛道。

一、经权配合有四种可能

经与权的配合,可能产生四种情况。

(一)外方内圆。

权在经内,只在经的范围内权宜应变,在原则的范围内应变。只在上级许可范围内,才可以变,稍微逾越规则的范围就不能变,这就对了。许多公司的业务员推销产品的时候,一定会问销售主管,公司的底价是多少,很少有业务员空着脑袋出去。这样才可以在和客户谈价钱时,既有自己能接受的最低价,又有灵活变动的余地,最终找出一个公司和客户都满意的合理价格。

（二）内方外圆。

权在经外，仍有四个切点，表示并不违背常道，只是较有弹性的权宜应变而已。

对于中国人来讲，小孩不听话，你一定很生气，如果小孩太听话，你也会很伤心。中国人不可以不规矩，但是千万不能太规矩了。太规矩了可能什么事都没办法做。我们讲的是合理。度是很难把握的，因为科学很难抓到度。

一般我们会说一个人很方正，表示他很有规矩，可是一个人太方正了，就很容易上当受骗。中国人讲究内方外圆，外面看起来没有什么原则，但是心里是有原则的。

我曾问过许多企业的老板、主管或总裁，他们为什么做得这么好？他们往往说其实没有什么，就是很有原则。我就问他们的部属和员工他们的领导怎么样？却只有一个答案：领导什么都好，就是没有原则。

因为我们的原则是藏在里面的，不会讲出来，这就是内方外圆。人最可怕的是内圆外也圆,那就是圆滑、奸诈了,完全没有原则。最倒霉的人是内方外也方,会把自己撞得头破血流,什么都行不通,这样的人也是没有出路的。

任何事情有经也有权。经与权配合,真相就完全显露出来,要么是外方内圆,要么就是内方外圆。到底哪一种好,是在范围内变好,还是超出范围一点变比较好?这是需要大家动脑筋去思考的问题。

(三)方圆交集。

经与权有交集,交集部分愈大,表示愈持经达变;交集的部分愈小,表示愈偏离原则。你说我没有按照原则做,实际上我是按照原则做;你说我按照原则做了,实际上我又没有按照原则。

我希望大家把任何事情可能变化的状况,统统抓住,既要有变化,又要坚持原则。当形势改变的时候,所有销售策略统统改变,我们才能适应这个快速变化的社会。

(四)方圆分离。

经与权分离,表示离经,也就是变得太离谱了。中国人说"你太离谱了",就是违背原则的意思。

严格说起来,前两种属于持经达变,后两种则有离经叛道的危险。

二、权在经内是谨守分寸

权在经内,叫作谨守分寸。什么叫"分寸"?就是度,不要差太远的意思。中国人只讲拿捏分寸,从来不说"拿捏丈尺",因为"丈尺"差太远了。

权在经内,表示在上级指示的范围内随机应变。这种谨守分寸、严守分际的应变,才能令上司放心。

其实每个人的工作职责表就是自己的分寸。每隔一段时间,我们把工作职责表拿出来看一看,就会发现,在上级交代给我们的所有事情中,凡是我们有兴趣、喜欢做的,都记得牢牢的,但是其中有几项，因为不喜欢做，没有兴趣，会忘得光光的，那就是没有谨守分寸。

我们都在挑选自己喜欢做的事情。因此分工以后，发现有很多事情没人做，这是管理最大的困难。上司把工作交代得好好的，有时交代一百遍也没用，我们整天忙的就是自己喜欢做的那一部分。如果派一个人做，再派一个人去跟踪进度，管理成本有多大？所以，持经达变在工作上是非常重要的，当上司把一项工作交给你之后，你要切实把它做好，至于有什么变化，你要自己斟酌现实状况进行合理应变。

在执行工作的过程中，往往有很多变数和原来的计划不太一样。一般会有三种情况。

第一种，不管三七二十一，完全按照上面的指示去做，结果事情一团糟。有些人表面上看是守规矩、听话、遵照规定指令的人，其实是完全没有良心的人。他有时明明知道上级的决定是错误的，仍不提出意见，只是去执行，目的是使上级错误的结果更加明显，然后看上级的笑话。要这种部属干什么？但是生活中，这种部属很多。

第二种，自己主动去调整计划或指令。调整又分为两种情况：一种是通过调整把利益放进自己的口袋里，让公司倒霉，这种人很多；另一种是越调整，越把自己口袋里的钱拿出来，让公司受益，这种人很少。

第三种，他每一次调整计划都会去请示上级。这种人随时随地在考自己的上级，看他能否"考试"及格。太多部属是天天出难题，想把老板考倒，这是老板的不幸。

我们需要的是什么样的人？是会自己处理、又会及时报告、会顾及上司面子，而不是赤裸裸把问题和错误暴露出来，让上级难堪，看领导笑话的部属。

某些部属又很喜欢擅自做主，这是中国许多企业面临的一个大问题。他一看情况不对就变了，到最后是部属做主，而不是主管做主。可是出了事，主管要背黑锅，要负主要责任。对这些喜欢擅自做主、变来变去的部属，上司应该采取权在经内的方式。

部属的权变，只能限定在上司的原则范围内，丝毫不能有所逾越。我们的建议很简单，对某些弹性较小的工作，例如财务部门和生产部门，最好采取外方内圆的管理方式。品质管理、物料搬运、库存订购、工作衡量、生产控制、产能规划，以及财务控制，应以谨守分寸、勿使逾越为宜。这些人员经常处在组织内部，主管对其了如指掌，所以留若干弹性给主管去做适时权变，亦给他留下一些余地，以备紧急或必要时运用。

从事财务工作的人，最好的工作态度是合理的小气，不可以合理的大方。管财务的人不在乎钱，公司可能很快就完蛋了。我到一家公司的财务部门，一看他们的工作情况，就知道这家公司的财务管理有没有走上轨道。来财务领钱的人还没有拿收据，财务人员就允许他把现金或支票领走了，公司迟早会垮在这种财务人员的手上。财务人员只要有"大方"两个字,就没有资格管理财务。一切按照规定,在规定范围里提供方便可以,超过一点点都不行,这样才对。

谨守分寸,严守分际,大家在指定的范围内权宜应变,可以确保品质,保持步调。上级要求权在经内,必须给予较具弹性的原则,部属才会有应变的余地。

经和权的配合有两个大方向:一是权在经内,在上级的原则范围内来应变;一是权在经外,稍微超过上级的原则范围一点点来应变。如果把原则摆在一边,爱怎么做就怎么做,那就叫作自作主张,不受管辖。

人事部门可以超过上级的原则一点,财务部门则要收缩一点,而生产部门只能在规定的范围里弹性应用,产品质量才会好。生产部门、财务部门千万记住,要在老板给你的原则范围之内去应变,不能超过。

三、权在经外为具有弹性

权在经外,表示超过上级指示范围,但是没有逾越,只是应变的弹性较大。这种具有弹性的应变,常常是可以容忍的最大限度。一般来讲,权在经外有两种适用情形:

第一种,对某些比较严谨小心的部属,上司经常鼓励,尽管放胆去应变。

第二种,对某些弹性较大的工作,譬如销售、人事部门工作,最好采取这种应变方式,比较有效。

业务员奋力作战,如果不能在必要时勇于突破,难免败给竞争对手,造成整体不安,因此外圆内方殊为必要。人事、销售部门之所以在机构中经常受人误解,便是由于一向采取外方内圆的做法,令人觉得处处故意刁难,产生受歧视、被压迫、受剥削的不安。假使能够在订立规定的时候力求合理合法,在执行的时候给予若干合情(方外的圆周部分)的弹性,则受者欣喜之余,就不会多有抱怨了。

权在经外，多用于对人的管理，因为不免牵涉到"情"。

我举个例子。业务员出差回来报销差旅费时，审核的人会问："你某月某日出差那天，是在外面吃的早餐，还是在家里吃的早餐？"业务员觉得很奇怪，说："你问我这个干什么？"审核人员说："当然有关系，如果在家吃的早餐，我们就发给你半天的差旅费，如果在外面吃早餐，我们就发给你整天的差旅费。"业务员听了很生气：早知道有这种规定，我肯定在外面吃早餐了，干吗在家吃呢？可是如果不管业务员是在家里吃早餐，还是在外面吃早餐，都给一天的差旅费就公平了吗？没出差的人报出差，怎么办？出差不办公事办私事，怎么办？销售人员领公司的工资，但是不卖公司的产品，却卖自己的产品，怎么办？

我希望大家了解，管理不是简单的问题，它有太多变数让人难以掌握。规定制定以后，执行的人有太多花样，这才是要注意的事情。

变与不变之间，会造成很多空隙。现代化公司为消除这些空隙，就要全部制度化。一切都按照制度走，完全没有持经达变，最后只能是僵化，变成"官僚"。

同时，当一切都按照制度走的时候，我们是管不了任何人的。老板号称"我一切照制度办"的时候，企业只要有风吹草动，所有部属都会跑光，只留下他一个人受苦。

公司一定要有制度，但是不能百分之百按照制度去做，那就不是以人为本了，就变成以事为中心了。大家的心态就要发生改变，员工就会想："你也别想管我，更别想让我感激你，我也没有欠你的，反正一切都照制度来。"公司奖给员工2000元，他只会觉得是公司应该给他的，是照制度给他的，不用感谢任何人，奖金就会失去激励作用。

相反，如果让制度保持适度弹性，情况就不一样了。同样是制度，主管认为可以给就给，主管认为不能给就不给，这样主管才会被员工感激，被大家尊敬和跟随。在最大弹性空间内应变,就可以灵活运用制度,充分发挥个人应变力。

制度是非变不可的。因为我们订立制度的时候,不会也不可能考虑那么多细节。可是制度确定下来之后,一切都在变,完全按照制度执行是行不通的,不按照制度执行又是死路一条。因此,不是变与不变,而是应该怎样变,这才是讨论的核心。

变也好,不变也好,都是每个人要去拿捏的弹性。不变也不可能百分之百不变。我们所讲的不变,是不变到某个程度,最后还是会变的。当我们讲变的时候,也不是可以没有限制地变,只能变到某个程度。因此,我们讲权的时候,一定要加一个"限"字。权限,就是有限度的权变。没有人有通天的本事,可以无限度去变。

我们不要相信自己有很大的应变能力,有很大的应变弹性。管理者看到部属变得太过分时,便要告诉他:"你不要变了,再变下去法度都没有了。"看到部属完全不会变时,要鼓励他:"你要多动脑筋,在规定的范围内好好应变。"

权在经外,应变的弹性会比较大一点。但是如果弹性大,就有点危险了,那就有点离经叛道了。距离原则越大、越远的人,越容易乱变;距离原则越贴近的人,越善于应变。所以,上级允许权在经外,必须在原则掌握方面,更加小心谨慎,以免造成疏失。

四、经权交集是擅自变更

如果经与权有交集,我们就要注意交集部分是大还是小,交集越大,你越放心,交集越小,你越要小心。因为经权交集,已经是擅自变更的应变,也就是他已经开始擅自做主了。

作为领导者,一定要注意部属在经和权之间是什么状况。他经常与我们沟通,把应变的部分及时向我们报告,还是做完了以后才告诉我们?一般来说,部属的经权交集有两种情况:一种是先请示,再应变；一种是先斩后奏。哪种比较好呢？

其实无论选哪种，都是不对的。我们会走第三条路。领导者会想：你说有时间，那为什么不先报告再做？你说没有时间，为什么先报告了还没有做？有时间但你不报告，就表示你有要隐瞒的；没有时间你还来报告，说明你是存心捣乱。

在危机的时候有好表现的人，才是称职的部属。那些平时夸下海口、有事逃之夭夭的部属，要他干什么呢？许多部属平时无所不能，遇到紧急情况只会向老板求救，把老板推到火坑里去。这就是老板平常对变与不变没有很好掌握的结果。

我在当领导时，会对部属讲：只要时间许可，你没有请示我，就不要乱变，如果你变了，所有的变你自己负责；假如时间不许可，你先变，不要先请示我把时间耽误了，事后再来告诉我。这样部属就可以放心去做了。领导者自己都没有原则，怎么指示部属呢？

经与权的交集很大，至少证明经有问题，不能适应现实需要；交集很小，足以证明应变的部属心目中没有上级，否则在应变之前，应该对经的制定有相当反应；交集部分变动很大，有时大有时小，表示部属动荡不定，要慎防其假公济私，产生流弊。

交集的大小和应变的效果相对应，我们可以找出经或权的差错在哪里。经权交集，可以用来检验上司和部属的直接互动关系。

所以，我们要对部属时时保持高度警觉。当部属的应变态度有改变时，就要追根究底，查明到底是怎么回事，不要等到祸害已经很大时才来追究，那已经太迟了。

五、经权分离为离经叛道

经权分离已经是离经叛道的应变行为。无论交代任何事情，他都回答是、是、是，然而做出来的结果和我们交代的完全不一样，这就是经权分离。

对于离经叛道的行为，非加以追究不可。这是一种不正当的方式,就算他达到了目的,我们也不能放过他。

我是不接受以成果来论断的做法的。离经叛道是一种为达目的、不问手段的做法。因为已经把事情变得脱离了原则,逐渐失去原来的面目,已经是反,而不是变了。

离经叛道,就是经权没有交集,甚至权与经反,应该列入有所不为的范围,不要轻易尝试,而不是说"没关系,反正结果已经很不错了"。

即使是经有问题,也应该事先充分沟通,不能造成经权分离的事实。经权分离使上司非常不放心,会导致彼此的不安。

六、权与经反情况更严重

权与经脱离,并不一定就是权与经相反,还有可能是采取异曲同工、殊途同归的方式。如果权与经反,情况更加严重,完全是为反对而反对。

为反对而反对就是一种完全不合作的状态。我们要了解部属与上司之间的关系,就要从这些看不见的变化里去掌握,不要等到事情无法挽救时,才想到要处理。看了很多凄惨的结果,才会去想这些事情。

作为总经理,不管你讲什么,部属总是反对,这是不可能做事的。这种状况绝不是一朝一夕形成的,而是长期演变的结果。这时上司必须做一番果断处置,避免形成不良风气。

权与经反,不能列为管理的例外情况,应该视为禁止事项。因为企业与社会不同,是不允许员工有"革命行为"的。

第四节　经权配合层层串联

中国老板并不是不知道授权,而是中国人太聪明,又太喜欢取巧,使得老板不敢授权。授权不是分权，必须层层串联，才不致授权就失去了掌握，谁能放心？把事情变得脱离了原则，逐渐失去原来的面目，那是反，不是变。老板不敢授权，宁愿自己劳累一些，事必躬亲，至少不会糊里糊涂被部属的乱变牵累。辛苦换来放心，是一种不得已的求安之道。

一、经权必须密切配合

管理一方面是科学，一方面是哲学。如果一个基层员工讲"我一切按照规定做"，这就是好员工。如果主管还说"我一切按照规定做"，那就没有当主管的资格。很多人一辈子都想不通：规定就是规定，就是不能改动。这是毫无管理经验的人。

因为凡是一切照规定办得通的事情，基层都做完了，不会去请示主管。去请示主管的事情是基层按规定办不通的事情。凡有规定，必有例外。

很多人喜欢把管理分开来看，一分就得不到整全了。我们不可以说某些事情是可变的,某些事情是不可变的,应该说在可变的部分有一部分是不可变的,在不可变里也有一部分是可变的。把可变和不可变合在一起,就是"无可无不可"。

中国人是"也可也不可,也不可也可"。我们嘴上讲"可"的时候,心里头会想"不可";我们嘴上讲"不可"的时候,心里会想"可",就是这么矛盾、复杂的。

经权是把不可变的部分当作经,作为判断的依据;把可变的部分当作权,从而达成最合理的决策。

管理本身是一个整体,具有连续性和循环性,是不能分割的。管理一定要有规定,但是规定应该具有弹性。

我举个例子。有一位老师在监考的时候,抓到了考试作弊的学生,就把学生送给学校处理。学校规定:凡是考试作弊者一律退学,就让那位学生退学。被要求退学的学生没什么话讲,监考老师反而讲话了:"为什么要学生退学?如果早知道要让他退学,我就不抓了。因为别的老师都没有抓,只有我抓了,那我不是害人吗?"

由于老师的抗议,学校不得不修改校规。只好规定,凡学生考试作弊者,处以下列处分:一、退学;二、留校察看;三、记大过一次;四、口头训骂。口头训骂就等于没有处罚。有了这样的规定,老师好办多了。有的老师抓住考试作弊的学生后,根本不送给校方,教训一下,就处理完了。学生也很高兴,真是皆大欢喜。

经权的对象是人、时、事、地、物,彼此有直接或间接的关系,具有不可分割的连带性。经权是常和变的配合,同样不可分割。

经权配合,一定要有整体观,要顾全大局,才能收到持经达变的功效。不能想怎么样就怎么样,也不能仅站在个人立场,认为自己想的就是对的。对有时候会带来更大的问题,还不如不对。

二、上司的命令就是经

经除了组织的共同管理原则外,还包括上级主管的命令。上级的命令和指示,对部属来说,就是不可变的经。

中国人非常看不起百分之百服从的人。但是只要你对上级有一点不服从,就会被认为是叛逆。我们既不要做奴才,也不要叛逆。所以要把听话和不听话合在一起想,寻找出一条两全的途径,同时兼顾听与不听,听到好像没听到一样,没听到好像听到一样,就成功了。

其实我们可以具体地描述出来。老板给我们下达一些指令、命令的时候,我们一听就知道是行不通的。千万不要马上做出反应,否则就是叛逆了。一个聪明人,老板无论怎么讲都说老板是对的,隔一段时间后,把难处向老板透露一点,老板就会知道自己有缺失,自然愿意主动调整,这样事情就容易商量多了。对于老板的指令,当场做出不听的反应，老板是十分不高兴的，因为这样做会使老板下不了台。

许多部属爱怪罪上司的指令错误，其实是部属错了。要记住两句话：第一句，上司的话永远是对的；第二句，对于错误的命令，不要听就对了。也许你会有疑问，这不就是阳奉阴违吗？的确是。但不是阳奉阴违就不好，阳奉阴违到合理的地步，所有人都会叫好。

比如，一位客户因对价钱不满意，和老板讲价失败后摔门而去。老板让你出去把客户追回来，以客户出的价钱卖给他产品，你一听就知道这是一个错误的决定。你说："好，我去。"但步子放慢点，回来就说追不到客户了。老板已经知道那是一时错误的决定，心里正想"追不到才好，追回来就惨了"，此时他会非常感谢你的。老板也知道你的速度肯定是慢了半拍，以你平常的速度早就把客户追回来了，但是老板会觉得你配合得很好。

上司的命令和指示，如果符合组织的管理原

则,是合理的,当然可以接受,无论如何都要照做。若是不符合组织的管理共识,就应该提高警觉,弄清楚为什么会这样。如果是不合理的,是错误的,无论如何都不能照着做。我们不可以妄加改变,要设法让上司知道,把行不通的地方反馈给上司,由上司来决定改变。

其实,聪明的部属从来不改变上级指示,但是会想办法让上司自己改变命令。部属如果明显地表现出来,上级就会感到没有面子了,会恼羞成怒。所以,可以传递看不见的信息让上司自己改变。

三、自己的斟酌即为权

上司的规定经常是不切合时宜的,因为职位越高的人越不了解实际状况。现场是变动的,现场的人最了解情况。部属在执行上司的命令时,可能会视实际情况合理调整。部属依实际情况来斟酌,做出来的调整便是权。凡是不管三七二十一,执行上司命令的人,都是没有责任感的。

部属要依据上司的命令,把它当作经。但是部属要看实际状况去做合理调整,务求经权合理配合,这才是好的部属。

盲目依据上司的经,不切合实际的要求,有时会造成执行上的困难。所以,上司不要牵涉太多零零碎碎的事情,只指示大方向,细节操作交给部属自己根据实际状况去斟酌,以求权宜应变。切合时宜便是良好的经权配合。

听命令办事,不如用心把工作做好。

四、上级的权下级的经

上级的命令是经,自己的斟酌是权。然而对部属来说,自己的权又是部属的经。这样层层串联,上级的权成为下级的经。

例如,董事长的命令就是经。总经理要把董事长的命令贯彻下去,一定有相当的权变,他的权变就变成部门经理的经。部门经理根据总经理的经，又有相当的权变，这个权变变成科长的经，这样层层串联，层层节制，权不离经，产生合理的授权，而不是各部门各自为政、充满本位主义的授权。各级主管才能放心为之，各阶层人员才敢大胆放手去权变。久而久之，彼此有了信心，"多做多错、少做少错、不做不错"的陋习就会被"多做不错、少做就错、不做大错"取代，从此改变风气，不必经常骂人，显得劳而少功。

层层串联，整体配合，不会有太大的缺失和偏差。我不相信董事长讲的话可以一直延伸到基层。因为有很多细节，他是无法搞清楚的。职位高的人只能发出方向性、概略性的指示，不可以讲细节，一层一层把细节加进去才是合适的做法。

董事长如果想全面控制，事无巨细，一切都规定得好好的，这些规定一定都行不通。行不通就不得不造假。所以，基层员工的造假往往都是上级逼的。

如果一位老总告诉司机："你每天走几公里都

给我记录下来。"司机就开始造假了。最好的办法是老板用统计的数字来看司机的大概状况，只要不离谱就可以了，这也叫持经达权。

各阶层的经权必须密切配合，以免愈来愈偏差，最后完全变了样。各阶层经权串联时是不能分开的，必须紧密地扣在一起，力求配合。承上启下，指的就是秉承上级的权，作为自己的经，再传达下去，以自己的权，作为部属的经。

各个阶层要去认真体会上级的用意，同时要设身处地了解下级的困难。这样，上级的权宜应变才能成为下级不易的经，意旨才能顺利传达下去。

五、上有政策下有对策

上有政策，叫作经，下有对策，即为权。其实这不是错误的，没有对策就只能造假。因为很难有一个政策可以百分之百实施。大家开会，一个意见提出来以后，百分之百的人赞成，那是造假。一部分人一定有隐藏的、不敢说出来的理由。所以我劝很多企业老总，千万不能要求部属零缺点。他们不可能零缺点，否则就会造假。他会想："上面规定我零缺点，如果我全心全力去做，最后一定是我累死。"

我一生最佩服的人是我的妈妈。从小到大，我妈妈从来没有对我讲："去做功课！"这和许多小孩的妈妈不一样。我现在每回忆起我妈妈，想起她常讲："去睡觉！"每次临睡觉前，即使我的作业还没做完，妈妈也会说"做不完作业没关系，睡觉更重要"。第二天老师会因为我没有完成作业而打我的手，不会打妈妈的手。这逼得我每次放学回家，不敢直接去玩，而是赶快做完作业，要不然又要被叫去睡觉了。

中国人是相当有反叛性的。我妈妈并没有直接叫我去做作业，而是规定我晚上十点钟前一定要睡觉，这样我就很紧张，放学一回家赶快做作业，做完作业后有时间才敢去玩，没有时间根本就不敢去玩，最后我变成了学习最好的学生。这解决了根本问题。

其实,中国人最怕听好话,不怕听坏话。我们是"威武不能屈"的,你越强硬,他越不理你。所以,我在当领导时,管理方法很简单,我会对部属说:"这件事慢慢来,不必那么急。"我从来没叫他快点做,结果他很快做好了。

"上有政策,下有对策",好坏介乎一个字,到底是为公还是为私?因公就是好事一桩,为了私利,那一定是坏事。所以我们不要浪费时间去争论"上有政策,下有对策"到底对不对,而要看是因公做的调整,还是因私耍的花招。只要是为公的,大家都会接受调整;是营私舞弊的,结果自然很难逃过责任。

从整体来看,"上有政策"的这个政策,应该是正确的,问题是我们必须考虑地方性因素、局部性变数或者突发性事件。假如政策本身不妥,根本行不通,或者不能因时制宜,盲目依照既定政策去执行,只能叫"愚忠"。这种人也是害群之马。但是,不依据上级的政策盲目制定自己的对策,就是目无长上，自以为是。这种人是很可恨、很可恶的。所以，"上有政策，下有对策"，必须以贯彻上级意旨为目的。以公为出发点。虽然暂时会让人有一些误解，也没关系，我们要敢于承担，这就是道德勇气。

六、目标一致经权配合

经权要求密切配合，必须上下目标一致。目标为什么能够一致？就是因为有经。

每家公司从上到下的管理层级数量是不一样的。当然层级越多，沟通越不顺畅；层级越少，沟通越方便。一家公司不管有多少层级，信息在传递时，每一层级多少都会扭曲一点，改变一些，到最后完全走样了。照理说部门经理去开会，应该把开会结果讲给部属听，这样开会才有意义。结果，几个层级由于没有做到环环相扣，这个目标就被扭曲或遗忘了。

下对上有问题一定要问。问谁？问上级的左右手，而不是问他本人。我年轻的时候，不敢去问主管，就去问他秘书，秘书会替我问，秘书把答案传达给我。

我们对上级的指令有什么疑问，一定要弄清楚。不要期望上级把一切交代得很清楚。我们自己去斟酌，然后产生对策，只要稍有私心，结果必然会造成偏差，愈来愈偏离目标。

我们产生对策之后，要和顶头上司商量。上司往往有好几层，千万记住"只怕管不怕官"，"管"就是顶头上司，就是刚好管到你的那个人。你一定要和他商量，他不支持你，你所有好事都会变坏事；只要他支持你，哪怕你有点错误，他也会替你掩盖起来。因为你尊重他，他就有责任保护你；你不尊重他，自己想表现，任何事情都不向他汇报，他非打击你不可。

公而无私，政策与对策之间就不容易产生矛盾，上下之间也比较容易沟通和谅解。彼此以诚相见，目标容易趋于一致，经权也自然密切配合。

第五节 经权配合有三原则

要授权就必须经权配合。老板确立的目标和原则，部属应该视为不可擅自改变的经，自己所拥有的权，乃因应企业内外情势所产生的压力，比较各种可能的状态，选择最有利于达成目标的方法，不能为所欲为，置老板的经于脑后，任意权变。

经权密切配合，通常要遵守三大原则：

一、权不舍本就是权不离经

一切权宜应变，不可以离开原则，不可舍离根本的经，也就是原始的目标。

上司订定的目标和原则是部属权变的依据。中国人希望以不变应万变，即用不变的经来应付万变的环境，竭力在变化多端的因素中寻找有利途径，以达成不变的目标。自古以来，中国人就要求适当权变，但务必要合宜，也就是再怎么变，也不可失去根本。

权不舍本，因为它非常重要，所以我们常说权宜应变不能舍弃根本原则。不管是权在经内，还是权在经外，都是权不离经。

权不舍本，因为四个切点都很清楚，符合以不变应万变的精神。就是在原则上抓得很紧，但是一切都在变。

权不舍本是万变不离其宗的表现，大家比较容易接受，认为它很合理，所以是经权配合的基本原则。

二、权不损人以免引起不安

任何改变一定都会有人抗争，抗争的人是谁？就是享有既得利益的人。如果他的既得利益受到损害，他一定会抗拒。所以权宜变通的时候，不可以损及他人，以免受损害的人抗拒，甚至全力破坏。我们要考虑如何让他人的权益获得保障，如何把对他人的损害降到最低。

因公害私，理论上应该乐于接受，实际上很难推动。因此，对于受损害的可能性，我们应该在权宜应变之前详细考虑，有哪些人的既得权益可能受到损害，如何补救以使其安，然后逐一沟通，取得充分谅解并加以化解。能补偿的，应该给予合理补偿；可以转移的，要事先商量，请其配合转移。

此时再通权达变，才能使大家安心，当然能获得众人支持，大家通力合作才不致因权益受损而引起不安。原定的经始有顺利完成的可能，否则方法再好，也是行不通的。

我举个例子。有一家公司从美国请来一位技术人才，目的在于全面提升公司的技术竞争力。为了给他提供比较好的待遇和职务，公司请他做了副总。这位技术人才当了副总以后，什么都管，反而不管技术了。此时，公司该怎么办？能把他换了吗？绝对不可以，如果是物品不合适，可以随时调来调去，因为它没有情绪，但人是有情绪的，你要调动他的位置，他一百个不愿意。

怎么办呢？方法很简单，公司多请几个副总就可以了，让这位技术人才当技术副总，其他人当财务副总、生产副总、销售副总等就没事了。要保障他的既得利益，不要损害，他就会安心，开始支持公司工作。

如果每次改变都会损害一些人，就要想办法弥补，而不是道歉了事，不是叫他忍耐。那是做不到让人安心的。

比如，乘客乘坐某班飞机到达目的地，下了飞机后，发现行李没有及时到，航空公司该怎么办？如果向乘客说抱歉，尽快给他找行李，找到后马上送去，行吗？不行。乘客今天晚上的洗漱用具、内衣内裤都在行李箱里，是等着急用的。优秀的航空公司知道，乘客的行李没有及时拿到，服务人员会先给他一张券，请他去喝杯免费咖啡，利用他喝咖啡的时间帮他查找行李下落；如果行李已经在下一班飞机上了，服务人员会告诉他："三个小时后我们将行李送到，不会耽误。"这样他就没话讲了。如果航空公司一看当天找不到行李，可能要第二天了，就会送他一套内衣裤、洗漱用具，这样他也没话讲了。做到让人没话讲才叫补偿，只是嘴上说抱歉是没什么用的。

三、权不多用尽量减少例外

规定不可能没有例外，但例外不能太多，例外太多就表示经出了问题，等于没有规定。如果经没有问题，就是执行时发生偏差，后果更加可怕。尽量减少权宜的措施，以减少例外的比重。

权宜应变原本是不得已的事情，并不是一切都需要如此，不是常常要做的。老板的原则如果合用，就不必多有权变。典章规则假如随时调整，合乎时宜，就不必常常树立例外。每件事都要权变才能通达，表示经确有问题。

现代企业深受外界因素如市场变迁、技术变迁、政治环境变迁、经济环境变迁、文化社会环境变迁的影响，如果经营者不能适时调整目标，部属即使尽心尽力权变，也将得不偿失，所以经如果切合时宜，即可权不多用。

我们一方面主张权宜应变，一方面主张权不多用。看起来相当矛盾，实际上彼此配合。凡事先想不要变，而不是先想要变；不得已才变，便是权不多用。权不多用才能维持经的地位。权不多用是我们权宜应变时，忠于事而又真正用心的表现。

凡是上司交代的事情，我们都要想：我做不做得到？但是我们不会讲。做得到，而且上司的指令很合理，我们就照做，不想其他的；做不到，上司的指令不合理，我们就尽量去克服，克服不了，就去提醒上司，让他改变，最后还是要改变的。但是我们不会当面顶撞上司，更不会让他在大家面前难堪。

四、既得利益应该逐渐消减

既得利益是一种自然产物,是事出有因的一种结果,不是自己造成的。所以形成这种利益,必然有原因,也一定有相当的道理。

我们不能让一个人的既得利益平白无故受到损失。我们既然给他好处了,就不能说翻脸就翻脸。因为他回家没法向全家人交代。中国人是家庭主义,薪水减少,一回家马上会受到严厉拷问:"你为什么被降薪呢?是工作不好,还是得罪了上司?"中国人承受的家庭压力不小于公司压力。尤其爱人那关很难通过。所以,我们做任何调整、改变,都要想到一个人的后面有一个家庭,要考虑到他的背后有一群人。

既得利益要不要改变?应该改变。如今时过境迁,已不合适,必须加以改变。但是,既得利益不应该马上改变,以免引起这些人的抗拒或不安。否则,他们会制造问题,弄得你鸡犬不宁。最好逐渐消减既得利益，用调整代替改变，以渐变取代突变。

我用的是"消减"，没用"消灭"，因为我们不可能消灭任何事情，只能慢慢减少。一下子把既得利益拿掉是不行的，那会引发激烈的抗争，对整体是不利的。逐渐消减既得利益，他才不会感觉很没有面子，或者受到伤害。逐渐消减既得利益可以使政策推行得比较顺利。

五、例外的比例要尽量缩小

有例行就可能发生例外，很难完全防止。例外的比例太大，就等于完全没有法度，大家都离经，风气愈来愈坏。例外的比例最好控制在10%之内。如果超过10%，我们就要注意：可能规定已经有问题了，要尽快去改变、调整。

尽量避免例外，要把经定得很合理，不合理的规定是很难执行的。凡是执行不了的规定，大概本身都有相当大的问题。

如果你的公司实行打卡制度,能不能说员工9点以后打卡统统算迟到?我想大概是不可能的。通常会有10~15分钟的宽限额度。公司规定上午9点钟上班,9点15分之内打卡的员工也不算迟到。无形中等于把打卡时间放宽了15分钟,对公司来讲,还是个损失。

那公司能不能把打卡时间提前一点呢?这是可以考虑的。为了维持秩序,让大家自动表现,可以看哪位员工不耽误上班时间,如果他能够控制在5分钟之内,公司就给他一定奖励。这样,慢慢就把风气扭转过来了。

我建议,公司规定上午9点上班,员工9点20分以前是不需要工作的。这不是损失,反而能使公司获利更大。这段时间大家互相打招呼、彼此关心,把环境整理好。我认为,让中国人把情绪稳定下来再开始工作,效率会很高,一上班就匆匆忙忙的,每个人做自己的事,彼此不关心、不配合,工作效率是不会高的。不要在乎那20分钟,此后员工有很好的工作表现,才是更重要的。

制定经的时候要非常慎重。很多企业的规定是抄来的:看到报纸、杂志、书籍上一些很好的规定,马上列入自己的规章里;很多规定都是老总半夜睡觉时自己想到的,这些都是不合理的经。

什么是合理的制度?其实就是由下而上制定的制度。做到了这一条,制度就会很合理。很多人很害怕,由下而上制定经行吗?其实在我辅导的公司里,都是让各部门自己定制度。一家公司不一定要有统一制度,生产部门和销售部门的制度是不太一样的。因为生产部门的员工要同进同出才能正常生产;销售部门就不一定了,业务员各搞各的,只要把业绩做出来就可以了,没必要同进同出。生产部门的员工一定要穿制服,大家步调一致;销售部门有必要统一制服吗?不一定,每个人的客户群不一样,觉得穿什么衣服跟客户打交道比较合适,可以自己决定。

因此,我会让销售部门制定一套制度,生产部门制定一套制度。也许刚开始时，制度本身是不太合理的，但由于是自己定的，他们会十分关心，会自己去调整，很快就找出一条自己应该走的路。三个月下来，他们自己定的制度就非遵照不可了。

每个人都有一个度，不会太过分。也许刚开始会，但是一段时间后，慢慢就会定出一个合理的经来。尤其是中国人，家有家规，公司有公司的规矩，这是每个人从小到大都是知道的，还担心什么？

经定得合理，还需要大家达成共识，一起用心重视。

权不舍本，权不损人，而且权不多用，自然减少例外的比重。例外愈少，大家对经愈有信心，愈加尊重，愈能做到经权的顺利配合。

第六节　经权之道五大要领

经权之道有五大要领，必须掌握这五个要领，要点如下：

第一，慎重立经：务求大家确立中心理念。

第二，决定形态：权在经内、权在经外及经权交集，都要详加分析，审慎抉择。

第三，沟通原则：共同把握权不舍本、权不损人、权不多用的原则，以维护整体的安宁。

第四，执经达权：放手让各人去持经达权，以求制宜。

第五，追踪考核：以上四个阶段，都需要各级主管随时追踪考核，以形成良好的工作风气。

一、首先要慎重立经

组织成员在求新求变之初，首先应该慎重立经，就是大家一定要有中心理念。立经就是确立某些经权配合的基本原则。

一个公司完整的制度体系，需要大家好好执行。一定要有共同的原则，如果没有原则，是搭配不起来的。比如，两个人要决定某一件事情，意见不一致时，谁说了算呢？只要没有人可以拍板定案的话，就是没有原则，没有规定。所以，一定要有伦理，哪怕是两个人合伙，都要有一个人说了算，否则就会变成"双头马车"，方向是不可能一致的。

我看到很多公司的董事长和总经理完全是背靠背的，总经理讲什么，董事长就反对什么；董事长讲什么，总经理就和他背道而驰，这就害死了下面的部属。部属去问总经理，总经理说问我干什么，去问董事长；部属去问董事长，董事长也说问我干什么，去问总经理。两人相互否定对方，部属就不知道该怎么做了，这就叫"双头马车"，公司只能是一事无成。

所以，要确定一个可以拍板定案的人，他要负70%的责任。当然，两个人要沟通了以后才可以做决定。你根据既有原则来拍板定案，这是对的；如果没有原则你就拍板定案了，那么另外一个人就会质疑你，凭什么你说了算？

一个公司如果没有说了算的决策人,迟早会出问题,让下面的人不知所措。所以公司开始创立时,一定要好好商量,确定目标是什么,应有哪些基本规定,最好是从"约法三章"开始做起。刚开始订立的规定不要太多,要慢慢增加,这样会比较有效。

不要一次就把经确立下来,因为制度不是一次可以完善的。例如,公司创立之初,就几个人,谁来谁没来,一看就知道了,还需要打卡吗?没必要。此时,你定打卡规则、订立会议签到制度、订立罚款规定,都是多余的。随着公司的发展,需要什么样的典章制度,让员工自己去设定,设定一段时间再修改。最后,员工会依照实行,自然是多功而少劳了。

企业需要几个部门,就分设几个部门,不要一下子把阵势拉得很大,那样管理成本太高了。中国人的公司,许多都是白手起家的,刚创立时是不分工的;而西方企业一开始就把组织架构建得很完善,然后不断调整,所以他们的创业基金是很大的。

立经就是把原则提出来以后，经过大家的讨论，汇集大家的思想，得到所有人的认同，这样的经才是有用的。只是由上面来宣布原则，经常是没有用的。

对于中国人来说，不管哪种组织，最要紧的都是"巩固领导中心"。因为假如每个人各想各的，团体就没有合力。中国人有的是力量，但是合起来非常难。"和""合"两个字对中国人来讲是很难做到的。"合"而不"和"，就是和稀泥，大家一起混日子，各搞各的。"和"而不"合"，就更麻烦了，大家看起来是在同一条船上，可是各怀鬼胎，最后这条船会沉掉。所以，"和""合"要变成我们共同努力的目标，大家既能合伙作业，又能齐心协力、志同道合。因此确定中心理念就格外重要。

中国人最要紧的是要慎始，一开始要谨慎。一开始就做错，那是很麻烦的。一开始就做对，确立好做事的根本原则，决定采取什么形态，才可以继续沟通。要点如下：

第一，务求组织成员对经权配合的目的、形态和串联获得基本认识,并且建立若干共识。

第二,基于这些共识,进一步分析各种形态的差异和得失,以及串联的要点及限制。

第三,审慎确立组织成员有关经权配合的一些中心理念,并将这些理念具体化,建立经权配合的基本原则。

第四,充分沟通,使组织成员知经而且乐于持经达权。

慎重立经后,大家共同知经,便是确定中心理念,所有人才能按照这个大原则来权宜应变。

二、其次应决定形态

我们不会选经权没有交集,也不会选经权有交集。我们只会选内方外圆或者内圆外方的形态。究竟要权在经内的内圆外方,还是权在经外的内方外圆?这需要大家详加分析,审慎抉择。

一般来说,经权配合的形态,应由底下人决

定，而不由上面人规定。

有些单位适合内方外圆，有些单位比较适合内圆外方。建议大家好好商量，然后取得上级领导的同意，就可以把形态确定下来。可以某些事情采取内方外圆形态，某些事情采取内圆外方形态，而且还可以随时变动。

当然，我们也可以先要求内圆外方，待充分协调、彼此有深厚的信心后，再发展为内方外圆，给它更大的弹性。这是寓训练于授权的做法。

经权配合的形态需要大家好好研讨，分析得失，然后再决定如何抉择。

三、然后要沟通原则

关于经权配合，我们需要掌握三个原则，即权不舍本、权不损人和权不多用。组织成员必须逐一加以认识、分析和研究，务求大家都充分了解，并且乐于共同遵守。

权不舍本是同质的配合,也是合乎中道标准的权变。权不损人才能普遍获得同人的支持与协助,所以凡有权宜应变,最好先让有关人员参与研讨,共商利弊,并先行协调,以求顺利通达。权不多用可以防止营私舞弊,形成派系,要权不多用,则有赖于经的适时修正,以期制宜。

变是必须的,非变不可;但变是很可怕的,有80%是不好的。所以不可不变,但是要控制在一定范围之内。

既然订立了原则,就要放手让大家去做,在实践中去印证每个人有没有持经达变的能力。持经达变说起来容易,做起来是相当困难的。我们开始放手让大家去尝试的时候,难免有无心犯错或者拿捏不准的时候,必须互相提醒,彼此警惕。

一个人犯一两次错误是没关系的。公司的经营里也有错误成本。如果我们不容许部属犯错,那就大错特错了。一个怕犯错的人是不会去尝试的。所以,要放手让大家去做,在可控的范围内容许他犯错,只要他不是存心的,不是违法的。无心之过概不处罚。只要及时改过,过失的经验是非常宝贵的。

逐渐养成习惯后,又容易因为大意而偏离原则,同样需要时时检讨,互相劝勉。组织成员不但要谨记这三个原则,而且要遇事就拿出来检验自己,务求确实遵行。

四、大家都持经达权

在经过慎重立经、决定形态,又充分沟通经权配合的原则后,即可放手让各人去持经达权,以求制宜。

持经达权的要领是凡事先想,一切遵照规定,然后随机应变。不可以凡事求新求变,以免流于为变而变,愈变愈糟。

持经达权还要请求同人配合。我们一定要变,但是不能多变;变的时候要考虑有没有伤害到别人,有没有违反原则。如果没有,就放心去变;如果有,就要去修正、节制,都这样去做,配合度就会比较高。

我们在持经达变的时候上下层级的串联、横向部门的联系协调,都必须用心。大家目标一致,各自在自己的工作岗位上分工合作,才是有效的持经达权。

五、随时追踪考核

无论立经、知经、决定形态、沟通原则,还是各自持经达权,都要讲求效果。要讲求效果,就必须追踪考核。

各级主管必须辅导所属人员切实持经达权,慢慢检讨每次的成果,并认真思索:

第一,经立得对不对,合适不合适?大家明白到什么程度?

第二,形态确定得正确不正确,大家对认可的形态是不是乐于施行?

第三,经权配合三原则,大家知道得清楚不清楚?有没有贯彻实施的决心和毅力?

这些随时要列入考核,务求各自持经达权,收到整体配合的效果。

考核是为了补救,是为了改善,而不是为了给谁难堪,这点很重要。我们务必要追根究底,把所有弊端抓出来。千万记住:不要让人承受不了,否则他会捣乱,甚至当场爆发情绪,这种场面是很难收拾的。

第五章

絜矩之道

絜矩之道就是将心比心，用自己的心来感应别人的心。人之所以能够为人，就是因为能够做到"推"，由亲到疏，由近到远，推己及人。

第一节 人普遍不喜欢被动

一、我们错以为人喜欢被动

许多人认为人是被动的,推一步进一步,不推就不动。其实,人最喜欢自动,不喜欢被动。被动是后天养成的坏习惯,并不是先天带来的。但是我们看见的,是被动的现象;能观察到的,几乎都是被动的人,很少有自动的人。于是,我们逐渐产生了一种错觉,认为人喜欢被动。

这种错觉,使得大家存有被动的期待心理,以至引发更多被动的行为。

我们不妨反问一下:被动的时候,有什么样的感受?自动的时候,又有什么样的感受?

当我们想要请别人吃饭时，不但不计较金钱和时间上的损失，而且唯恐对方吃得不满意。当别人要我们请客时，我们却十分不情愿，推三阻四，借口没有时间，或者不方便，这是什么道理？因为人必须对自己负责，所以对自己的决定最愿意顺从。对于别人的要求，如果我们答应得过快，很容易造成别人要求愈来愈多，这对我们是非常不利的。

我们自己决定便是出于自动的自决。民族要求自决，个人也要求自决。别人的决定，对我们来说，便是被动。就算这个决定相当合理，也终归是别人的决定。若是决定的人平日和自己关系良好，我们还比较乐于接受；如果彼此关系不怎么好，我们当然更不愿意接受。

人对自己的决定，大多全力以赴。对别人的决定，顶多尽力而为。前者出于自动，后者属于被动。不要再相信"中国人很被动，推一下才进一步"这种不可靠的传言，这是一种人为的假象，并不是合乎人性的真相。

二、大家都拖拖拉拉

由于这种"人是被动的"错觉引起许多不良的互动，结果造成"大家都拖拖拉拉"的不正常现象。久而久之，这种原本不正常的现象，反而成为大家认定的正常状态。

拖拖拉拉成为一种风气，变本加厉地影响到每个人。大家一方面指责、埋怨，一方面却愈来愈如此。大家都拖拖拉拉，形成低效率的坏习惯，对管理的成果势必有不良的影响。

拖拖拉拉和推、拖、拉不同，就像"马虎"和"马马虎虎"不同一样，我们必须用心加以区别，才能明白其中的奥妙。推、拖、拉是好的方法，而拖拖拉拉是不良的习惯。这种风气一旦形成，必然降低组织的力量，严重影响大家的执行力。马虎是不好的，但我们不好意思说自己做得很好时，谦称为马马虎虎，便是有君子风度的表现了。

被动时拖拖拉拉，自动时才会合理地推、拖、拉。管理者最好明辨清楚，才不致引起误解，增添管理的困惑。

三、管理的心态错误

在拖拖拉拉的风气中，最严重的问题是产生一种不正常的管理心态：非严管不可。

严格管理，采取紧逼盯人的方式，凡事催、逼、压，好像不如此就没有人做事。唯恐对部属宽容一些，大家就会更偷懒。

于是把不正常的催、逼、压，看成正常的做法，并且变本加厉，愈催愈急，愈逼愈紧。管理的错误心态，导致管理的不良态度，产生不良的管理效果。

管理者应该明白，拖拖拉拉的不良习惯，实际上是不合人性的领导所产生的恶果。如果领导得宜，大家自动自发，就不会拖拖拉拉。相反，如果领导得大家十分被动，当然会拖拖拉拉。管理者把责任完全推给部属，显然并不恰当。不正常的催、逼、压，只会增强大家被动的感觉，徒然产生负面作用。

管理者秉持絜矩之道，以将心比心的方式来体会被管理者的心态：怎样才会自动？怎样形成被动的感受？尽量造成大家自动的局面，用心避免制造被动的气氛，应该是管理者正确的领导心态。唯有如此，才能改变员工拖拖拉拉的恶习，使大家自动自发、安心乐业，并以乐在工作的心情，不断提升管理效果。

四、殊不知物极必反

世间事原本物极必反，一切都在循环往复。催、逼、压如果使用得合理，还可以收到相当的效果。若是使用得过分，便会物极必反，引起相反的后果。愈逼人愈反感，终至失去功效。稍微不逼，都停顿下来。于是，我们常听见有些管理者抱怨：

中国人真难管!

中国人真的不容易管,因为大家都喜欢自主以维护人性的尊严。自主来自内心自决的感觉,也就是自动的喜悦。让中国人开心,自然容易讲通,便于领导。中国人一旦心不甘情不愿,充满了被动的感觉,就很难商量,领导时也推不动,更谈不上达成良好的效果。

大家都知道,用人不像用钞票或物品那么简单。好的用人制度固然十分重要,但是,单凭制度并不能保证用人的成效。管理者必须有一套使大家自动自发、乐于竭尽才能的本事。当年曾国藩以"广收""慎用""勤教""严绳"为四大原则,现代还要加上一条"自主"。管理者虚心招揽人才,提供表现的平台,放手让部属自动地发展才能,才不致让部属因被动而拖拖拉拉,造成有人才却不乐于表现的困境。

五、愈逼愈没有效果

我们发现部属愈推愈推不动、愈逼愈没有起色的时候,必须提高警觉,因为此时已经物极必反,失去效果了。

部属时时期待催、逼、压,来时勉强承受一下,但马上变成耳边风,不当一回事。又期待下一次的催、逼、压,再一次把它当作耳边风。不逼不行、逼也不行的时候,管理就失灵了。

中国人是内心非常矛盾的。上级安排我们做事情,我们一方面很高兴,认为他看得起我们才叫我们做;另一方面又很不高兴,认为上级虐待我们,别人没有事,总让我们做就是找我们的麻烦。所以做领导很难,逼下属做事,他不高兴;不逼他做,他还是不高兴。

有一句话说"人不畏死,奈何以死惧之",一旦到了部属不怕上级、对上级毫不畏惧的时候,催、逼、压就完全没有用了,主管就无能为力了。

我举个例子。上级按照制度来激励部属是没有效果的，如果是按照制度给他发奖金，他一点也不感谢上级，他心里会想："这是我按照制度应该得到的，凭什么感谢你？"而且他还会抱怨，这个奖励规定已经制定三年了，三年前奖励 2000 元，现在还是 2000 元，为什么不随物价的上涨调整呢？他一百个不满意。所以，中国的老板会给主管比较大的自由裁量权，就是这个道理。

此路不通的时候，最好反过来想一想，人真的喜欢被动吗？人真的需要催、逼、压吗？主管要让部属做事，是不可以发号施令的。我在当领导时，每向部属交办一件事情，都会把他请来。第一句话是："李科长，我知道你最近很忙。我这里有一件事情，我实在不忍心再叫你做。"他说没关系呀。我的第二句话是："这件事别人不会做，你又那么忙，我给谁做呢？我看还是我自己做好了。"他就会说："你千万不要自己做，我做好了。"他就轻松愉快地去做了。同样一件事情，你把方向调过来，反过来想一想，就会得到完全不同的效果。

六、人并不喜欢被动

人并不喜欢被动，刚好相反，人喜欢自动。人性的尊严在哪里？就在于自己可以为自己做决定。如果事事被动，还有什么尊严可讲？

人最乐意服从的是自己的决定，而不是别人的决定。人对别人的决定多半会感受到一些压力，想要抗拒。对自己的决定会非常乐意接受，不打折扣地去执行。

人的心态是非常重要的因素。一个人自动的时候，会觉得样样都很好，心甘情愿去做事，心情十分愉快。一个人被动的时候，觉得样样都不满意，心里不情愿，做起事情来不是拖拖拉拉，便是敷衍塞责。

中国人只要心里乐，什么事情都好商量；心里不乐，就最难商量，样样都斤斤计较。一个主管如果完全按制度办事，部属对你一点畏惧心都没有，就很难领导他。

我举个例子。有一天你要搬一张桌子，看到一个员工走过来，就说："过来过来，帮我把这张桌子搬到那边去。"他会怎么反应？他告诉你："我今天没办法帮你，因为我手疼，如果平常的话，我一下就搬过去了。"意思是说，你没有手疼，你自己搬过去就好了，为什么让我搬？

管理者是不可以这样发号施令的。我建议大家讲话之前，先看看对方。对方手上有一块小胶布，你的第一句话一定要问他怎么了，不要谈工作。中国人最好的管理方式是先处理心情，再处理事情。即使他的手很疼，有了你的关心，也会告诉你："没什么。"你说："你手疼，算了，我自己搬好了。"他马上就把桌子搬走了。这样做事，他不会觉得有什么不愉快，还觉得是自己应该做的，不是你逼迫他做的。

同样一个人，自动和被动的时候，简直是完全不同的人。

我们要做转化的工作，明明是上司的意思，要变成部属的意思。当部属感觉到被动的时候，他会有抗拒心理；当他感觉到自动的时候，完全不会计较，更不会抗拒，而且很乐意去做。两者的效果是完全不同的。

现在越来越多的公司趋向于实行员工不打卡制度。因为大家都明白，所谓制度管得了员工的身体，却管不住他们的心。更妙的是，打卡是提醒员工要下班了。如果不打卡，员工可能还会忘记下班，他的工作还没有做完，怎么会下班呢？

第二节　人大多希望自主自动

一、人从小喜欢自动

小孩最喜欢模仿大人的动作，这是一种自动的学习。

小孩喜欢工作，常常自动做这做那，忙个不停。小孩喜欢做自己想做的事，看起来相当不听话，实际上是一种自主的表现。

一个人必须要对自己负责，而不是对别人负责。说清楚一点，人为自己负全部责任。因为人生只有一条定律，叫作自作自受。你怎么决定，就要承受那个后果；你怎么选择，就要负全部责任。常常把责任推给别人，那是自我安慰。

自动，才会勤劳工作；自主，必然承受自作自受的后果。

孔子说："知之者不如好之者，好之者不如乐之者。""乐"便是自动的状态。人只有自动自发，感受到自主的尊严，才会充满快乐，一旦被动，产生被压迫的感受，就乐不起来。孔子自己乐而忘忧，不知老之将至，便是由于"从心所欲，不逾矩"，完全没有被动的感受，所以再辛苦也不认为被压迫，不致半途而废。

二、被骂到不敢自动

善于教育小孩的妈妈,看见小孩拿扫帚,就说:妈妈换一把小的扫帚给你,这比较适合你,妈妈教你怎么扫地……这样孩子会越来越自动。但许多人没有好好引导小孩。小孩一自动,大人就责骂他,说他不听话,爱乱动。于是,小孩原本爱自动,被骂得不敢自动;小孩天性爱自主,也被骂得不敢自主。大人一方面希望孩子独立,不要太依赖父母;一方面又把孩子骂得不敢自动、自主,实在是矛盾。我们要孩子自动自发,又常常加以责怪,骂得孩子不敢自动自发,这实在是教育上的一大失误。

管理上也是一样,部属被骂到不敢自动,上司反而责怪部属被动,岂不可笑?

我们许多人对孩子的教育方式是对也骂、不对也骂。我们原本的用意在教导孩子不能认为"对,就好了",更不应养成浅尝辄止、不能深层思虑的不良习惯，这也就是慎始的严格训练。可惜行之日久，许多人用错了。当孩子自动的时候，父母如果采取责骂的态度，弄得孩子不敢动，孩子长大后就会产生"不做不错，少做少错"的观念，抱持"多做多错"的心态，显得十分被动，不敢自动做事。

慎始是必要的，不敢自动却十分不幸。因为不敢做的结果，不但学不到东西，而且会逐渐丧失工作的兴趣，实在不是一种合乎人性的方式。

三、仍然暗地里自主

人不自主根本就不能生存。样样靠别人，自己迟早活不下去。

上司管部属，触犯了部属不喜欢被动的人性弱点；即使部属觉得丧失了尊严，也不敢明目张胆地抗拒。部属被骂到不敢自主，不过是一种表面现象。实际上部属还是不放弃自主的机会，不过是暗地里自作主张、表面上服从而已。这就形成了部属阳奉阴违的坏习惯。

阳奉阴违和上有政策、下有对策并不相同，是只顾自己不顾整体的不良行为。与其让部属暗地自主，不如让部属有参与的机会，鼓励他自动、自主。

四、阳奉阴违很可怕

上有政策、下有对策是一种权变行为，只要动机纯正，目标正确，便是随机应变。而阳奉阴违是一种投机取巧的不正当行为，既然"阴违"，就表示有见不得人的成分。

上有政策、下有对策算不算阳奉阴违？不算。表面上答应，实际上不照这样做，才叫阳奉阴违。上有政策、下有对策是说，你的政策我照样做，但是实际执行过程中遇到困难，我会去拐个弯，最后还是要落实你的政策，这是"阳奉阳违"。

上有政策、下有对策，有两种不同的典形态

度：一种是为了贯彻、落实政策，我会调整，本来办不通的事情一调整就办通了，我的调整是好事；另一种是把政策拿来，然后变个样，把很多利益放进自己口袋，这是营私舞弊，当然不好了。

所以我们不要轻率去论断上有政策、下有对策好不好。衡量权宜应变有一个很好的标准，就是到底是为公还是为私。一切为公，怎么变都是对的，就算变错了，人家很容易原谅你；你只要有一点点为私，怎么变都是投机取巧，所有人都会怀疑你，变中有一点点错误，你就完了。

因此，阳奉阴违相当可怕，最好不要成为权宜应变的一种方式。自主自动应该在相当程度上表现出来，不应该暗地里去做。相当程度地调整，并且明白地表现，才是正常的随机应变。

五、人要对自己负责

人最乐意顺从自己的决定，但人必须对自己的所作所为负起全部责任。

企业目标,由企业自己决定;家庭发展方向,由家庭自己决定;成员的去留、忠诚与否,也都由自己决定。

自己的决定,就是自动与自主。合乎良心的自动、自主,才有人性的尊严。什么是人性的尊严?就是你能够合理自动自发表示你的诚意,而没有任何交换条件。

我们要对工作负责,要每个人都负责,而不是谁负责、谁不负责。主管负主管的责任,部属负部属的责任。每个人都为自己的所作所为负责,这才是最好的企业文化。

我们要部属对自己的工作负责,就应该让部属自动、自主。所以,主管不可以说:"我平常那么照顾你,你怎么这样对我?"或者说:"我对你还不好啊?你怎么这样没良心!"人跟人之间,没有投资报酬的观念才是正常的。就像父亲对子女一样,是不应该有投资报酬的。我能做的我做了,没有恩惠；你能做的你做了，我不强求。

真正的自动是员工衡量自己的能力，不负自己的良心，觉得应该做的就义不容辞。所以，主管的职责就是提供一个平台，制造一种氛围，让部属能够自动把工作做好。这才是最佳领导。

我们要美化工作环境，有时候还可以放放背景音乐，但是声音不能太大，声音太大就是一种干扰了。让大家很愿意工作，而不受干扰。美化环境是给工作人员感受的，不是让别人参观的，不要本末倒置。所以要怎么布置工作环境，应该让员工自己决定。在规划办公区域时，我会让所有主管都参与，然后大家讨论哪个部门在哪里比较好，至于内部怎么安排，由你们自己决定，公司一般是不过问的。

六、人希望自主自动

M理论认为"员工如果关心工作，就会适时应变"。一位员工如果真正关心工作,就会适当求变,自己的工作负起全部责任,希望能够自主、自动。

我们经常发现,如果公司号召改变,员工基本上是完全抗拒的。因为他已经习惯了,你做任何改变对他来讲都是一种负担。所以不要强制员工改变。

自主自动并不是不服从上级的命令,不遵守组织的规定,而是在上级的命令和组织的规定范围内,依据持经达变的精神衡情论理。

合乎良心的自主自动便是合理的应变,力求无一事不合理。

第三节 有限范围内的最大自由

一、絜是审度

"絜"是审度,就是自己要仔细考量的意思。对中国人来讲,最难的就是"度",就是自己要去评估，要去拿捏，而不是使用统一规定。

我们不太会订立统一的规定。因为每个人定位不一样，每个人分量不相同，智商不一样，反应也是有差异的。

人要自由，必须自己审慎度量，不要侵犯别人的自由。人人都审慎考量自由的尺度，不侵犯别人的自由，才能人人享有自由。

绝对的自由是不存在的，我们的自由只不过是相对的自由。人只有审度的自由，也就是守本分。人人都守本分，人人才有自由。

《尚书·大禹谟》中说："人心惟危，道心惟微，惟精惟一，允执厥中。"人心是十分危险的，因为它变动不居，很难掌握。道心则十分微妙，虽然无声无息，却能够驾驭千变万化的人心。在孔子心目中，真、善、美已经融合成一体，我们只要把守分当作自由，把个人的自由安放在守本分的范围内，便能够随时随地审度到合理的地步。

做事难，做人更难。难在哪里？全在"度"的不容易拿捏。凭良心，自然会出现微妙的道心。中华民族的伟大之处，即在胸怀中自有光明正大的灵光。每当我们扪心自问、反躬自省之时，便会自然而然做出自主的合理判断。

二、矩就是法则规矩

"矩"表示法则，也就是规矩的意思。规矩其实就是制度。"没有规矩，不成方圆"，可见中国人是非常重视制度的。

中华民族很早就会定制度，并且制定得很严密了。早在西周时期，周公就制礼作乐，建立了周朝的各项典章制度，孔子对他很尊敬。

什么叫作规矩？西方人定出来的法令规章是死的，中国人定出来的制度却是活的。同样的规则，在西方人眼里是一清二楚的，在中国人看来永远是含含糊糊、模棱两可的。

中国人有制度，但是不可能严密，因为要保

留相当大的弹性。否则制度就把一个人从头到脚捆得死死的,使他动弹不得。中国人的规矩是有弹性的;没有弹性,就无法执行。

我举个例子。某公司规定:上班时间禁止看书报、杂志,违反规定者一律罚人民币300元。这个规定非常清楚,也十分周严,但恐怕没有一个主管或领导敢去执行。因为大家心里都明白,照章处理,把员工抓过来处罚300元,就不是好领导了。因为你向上汇报的时候,上级会说:"做人不要度量太小,你大概是看到他平常表现很好,所以抓到机会整他,没必要。即使想把他整走,也轮不到你呀!"照章行事,却被上级认为在趁机整人,而且一抓他,他就叫冤枉:"我根本没有看杂志,是因为某某平常看我不顺眼,所以陷害我。"这样,更是跳进黄河也洗不清了。

许多年轻主管很天真,总认为一切照规定去做是没有错的。如果这样理解,那就真的错了。

任何一个组织都要有规矩,家有家规。规矩是一个人工作的基础,不了解规矩的人,根本不知道怎么活动。一个人如果不守规矩,就不应该享有自由。不守规矩表示不守本分,这种员工就不应该让他有自由。可以说,法则、规矩、办法和规定等,都是用来约束不守本分的员工的。

有规矩才有方圆,没有规矩就是乱搞一通。规矩是因时代而改变的,不管怎么变,一定要有弹性。在弹性里去拿捏,让大家都合理遵照法则规矩,就是絜矩之道。在法制规矩的许可范围内,审慎度量,决定合理的应变。

一个人最安全、最好的办法,就是常常动脑筋。人的智慧是从不断动脑筋中得来的。看到规矩就完全照规矩行事的人,是不太会动脑筋的。"穷则变,变则通,通则久。"看到"此路不通"就回头走的人是没有机会的。中国人看到"此路不通",会审时度势、合理应变,然后继续往前走。

所谓的正道、大道、中道,就是你只可以随机应变,绝对不能投机取巧。絜矩之道是抱着随机应变的心态找到此时此地守规矩的合理方式。

三、自由有一定范围

人喜欢自动、自主，因为人喜爱自由。每个人都有自由，但是，自由有一定的范围，我们只有有限的自由，不可能有无限的自由。

人只要活着，就必须守规矩、重纪律，不可以爱怎么样就怎么样。因为人与人之间密切相关，你完全自由，那置别人于何地？

例如，你一个人睡一个房间的时候，爱开灯就开灯，爱关灯就关灯，有充分的自由。当两个人同住一个房间的时候，你就只有50%的自由了。做什么事情一定要考虑到对方，否则两人会因矛盾吵架。

我们只要有相对的自由就应该心满意足。老天不可能让人类拥有绝对的自由，那就无法无天了。我们可以自主，但是要合理，相对的自由加上合理的自主，叫自律。在订立制度之前，一定要做好自律的准备工作。

我们订立的规矩、规定、法则、制度，都是员工自由的范围。组织成员只有在组织规定、上级命令的范围内，才有自动、自主的自由。

制度化是絜矩之道的起点。制度是很重要的，但不是最重要的；制度是很必要的，但不是最好的。每个人都要重视制度，但不是百分之百按照制度去做。在制度内的自由，合乎絜矩之道的要求。

我们一定要有规矩，但规矩是有弹性的。我们的自主是在规矩的范围内。其条件如下：

（一）在法令许可的范围内。

法令如果完全没有弹性，根本就行不通。为了行得通，法令一定有相当的弹性。

（二）一定要在法令许可的范围内衡情论理。

同时考虑到情、理、法三个因素。在法令许可的范围内衡情论理之后合理解决。所以，我们很少依法办理，也不可能完全用人情来处理事情。我们要的是合理解决。

（三）一切后果我要负起完全责任。

当你衡情论理的时候，就要提醒自己，所有决定产生的一切后果，要负起完全责任。这样你就不会乱来。

我们处理事情时，要先把规定拿出来看一看。中国人一般把规定放在肚子里，不会讲出来，因为讲规定伤感情，所以嘴上讲"情"，肚子里想"法"，当中还有一个看不见的尺叫作"理"，三个要素同时起作用。

把法当作腹案的人，人际关系会比较好。开口闭口讲规定的人，人际关系很差，将来什么事都做不通。依法到合理的地步，才算成功。法有弹性，情有后果，有亲疏，两边衡量，抓到合理的地步，你就去做，还是合理就好。中国人所有事情只有一个标准答案就是"合理就好"。

但理是变动的，不是固定的。所以，随时随地要做调整，这就是自主性。所以中国人"听话"和

"不听话"是一样的,"依法"和"不依法"也是一样的。

四、守规矩自动自主

守本分、守规矩是做人的根本,也是员工的必备素养。守本分、守规矩的员工,才有自动、自主的自由。员工自动、自主也应该守规矩,才合乎安人的要求。

毫无节制的自动、自主,危险性极大,应该极力避免。员工希望有自动、自主的自由,最好的办法即在于自觉、自反和自律。

第一,自觉。自己要醒悟到不喜欢被管是有条件的:必须先把自己管好,才有资格要求别人少管我们。管不好自己,别人是一定要来管的,否则谁都不管,岂不是天下大乱?

第二,自反。要管好自己,必须时常自反:反省、检讨自己有哪些过失?如何改善才能不断提升自我？如何守规矩才能不被上司或他人指责？自己不知道检点，又不接受别人来管，就是蛮横无理、无法无天了。

第三，自律。自反的结果必须表现在行为、态度上，要求自己守本分、守规矩，这样大家才看得到，才敢相信你。管好言行举止，表现出高度的自律，才是自动自主的良好基础。

我们先从守规矩做起，再学习权宜应变，才有将心比心的可能。

絜矩之道在很多地方都可以用得到，因为很多时候，我们都要将心比心。

某公司不实行员工打卡制度，可是在下午6点以后，很多员工没有下班回家，因为手上工作还没有做完。部门经理会自掏腰包去买快餐，给没有下班的员工吃。员工非常感动，吃完快餐后不好意思马上回家，会留下来再做一点工作。然后员工就建议公司订立一个制度，下午6点后员工吃饭，不要让部门经理自己花钱了，由公司出钱统一发快餐。

这样做好不好？绝对不好。幸好该公司的管理者也很聪明，这个议案在高层会议上提了三次，都没有通过。

试想，如果公司果真形成制度，下午6点以后就来统计加班人数，可能很多员工即使工作做完了，也要等到6点以后才回家。因为可以免费得到一份快餐，说不定还有人会领了快餐后拿回家去吃。大家还会认为，既然是公司出钱，就应该买好一点的快餐，不应该买差的。公司的成本就会增加。这样的制度是完全没有效果的。

最好的办法不是订立制度，而是由部门主管掏腰包去买快餐。公司可以按月私下补助部门主管，这样才两全其美。

制度是死的，人是活的，两者兼顾，缺一不可。

五、人人守分有规矩

管理良好，起码条件是制度确立，而且人人遵守。在人人守规矩的大前提下，合理持经达权，才有絜矩之道可言。

了解和同情是守本分、守规矩的员工才享有的权利。不守本分、不守规矩的员工，很难彼此了解，也不可能合理相互同情，往往产生滥用情感的危险。所以，互信互谅，必须居于守规矩的基础上，才有保障。这样人人守本分守规矩，才能放心地将心比心。

不守规矩的员工经常不动则已，一动便天下大乱。前已述及，管理者或被管理者都有人心和道心。我们也不必害怕人心，因为人不可能没有情欲，否则刻薄寡恩，也不是什么好现象。我们只要掌握"可欲"与"不可欲"的分界点，一切依义理来取舍，做到"己欲立而立人，己欲达而达人"，就可以允执厥中了。管理者在这方面最好以身作则，时常反省自己、提醒自己，必须确立公心，凡事务求秉公处理，以道心为主宰，自然公而忘私。不但克制私欲，而且关爱部属，从而引起员工的良好感应。

六、个个享有大自由

M理论主张安员工,让员工获得最大的自由。但是员工的自由要顾及整体和他人的安宁,不能妨害整体和他人的自由。

M理论又主张持经达权,员工有持经达权的自由,却没有离经叛道的自由。合乎安人和经权的要求,员工才能享有自由。

自由表现在达成目标、求取安宁方面,人人都喜欢,人人都求安,个个有自由。

因为人心惟危,相当险恶,所以"防人之心不可无"。人与人之间,非经过考验,是不能轻易相信的。最好由小小的信任开始,经过考验后,再逐渐增加信任度。若是未经考验,便"疑人不用,用人不疑",恐怕反而害了被信任的人。自古以来,有私心的人很多,遇事只想到自己的利害,并不关心别人的感受。对于这样的人，我们一相信他，便会上当。我们往往由于过度轻信他人，导致对信任他人的恐惧，以致不敢再信任别人，这岂不是自作自受？

现代社会，大家盲目竞争，利欲熏心，眼光小得像针孔，利心却磨得像针尖。人情世故，愈来愈淡薄；利害关系，也愈来愈紧密。大家多私利、小利、近利，忘了公利、大利和远利。管理者必须小心提防，务求信任得恰到好处，这才是合理的絜矩之道。

第四节 害怕自动喜欢自主

一、自动并不真实存在

自动化是工业革命以后逐渐由机械化演进而来的生产方式。生产自动化，逐渐扩大到其他各部门，使这些部门也跟着自动化起来。除了办公自动化、程序自动化外，也应该讲求人力自动化。

所谓自动，其实不是真正的自动。世界上有没有真正自动的东西？没有。有个乡下老人，看到电梯门会自己开自己关，觉得很稀奇。他感到更不可思议的是一个老太婆走进电梯后，再出来时，却变成个年轻貌美的小姐。他再三和老婆商量，让她随自己到大饭店去一趟，他老婆搞不清楚他要干什么，坚决不同意，他好不容易把她拉来，送到电梯里去，自己在外面一直等，希望她出来时能变成一个年轻貌美的小姐。结果他老婆出来时，还是那个老太婆。

一个人不了解真相，常常会被蒙骗。什么叫科学？就是发现事物的真相。科学是求真，但是无法求美。依据物理现象来观察，任何东西静止不动时，如果不施以外力，都将永远静止。因此，那些看起来好像自动的事物，实际上都不是自动的，而是有力量在推动的。

二、自动便是他动

自动就是他动。因为自动是有人工装置的,其实还是人在控制。例如,自动门,你不按按钮,它会动吗?你说自动门是完全自动的,错了,它有一个感应器,你被它感应到了,门就开了;你没有被感应到,它还是不会开。自动不过是假象。一定要有设计、装置,有一定的控制系统。明白自动门的自动原理,便能看出自动装置的作用,看得见推拉的力量来源,自动门也不过是他动。

同样,自动钟表的电池或者自动发条装置失效时,自动钟表也是无法自动走动的。看得见力量的来源,感觉出力量的存在,我们很容易判定其为他动。肉眼所看得见的一切自动,其实都属于他动。

我们往往有一种错觉,认为看不见的就是自动。植物如果缺乏阳光和水分,也不能自动成长。但是,当我们没有觉察到阳光和水分时,就认为植物是自动成长。

经过一番精心设计，把自动装置隐藏起来，让我们看不见，我们可能不知不觉中就认为是一种自动。物的他动，在人们的无意识中被当成自动。当我们忽略了力量的存在时，自动的观念自然产生。

我们习惯于把"用机械力来取代人力"称为"机械化"，而将"用机械来代替人类的感觉和控制"的活动，称为"自动化"。在现代化生产过程中，电脑、微处理机及程序化电路代替了人的中枢神经系统，控制着气压、液压、电器元件，再通过这些无形的动作，使机械产生一连串有形的制程，以实现自动化作业的目的。当人们看到有形的制程，却看不见无形的动作时，常认为机械真的自动起来了。实际上如果没有无形的动作，机械是自动不起来的。

三、人的自动具有意识

人和物是不同的，物是在人的无意识中自动，人却应该在自己的有意识中自动。人具有意志力，可以决定自己要不要自动。对意志力来说，是人自己所具有的意识，所以算是自动。

人不是一般的物，人具有意志的自由，这种自由提供给我们自动的意识。

人的自动出于自觉。人是有意识地制定目标，有意识地从事计划和准备，有意识地贯彻执行，是有意识的自动行为。

人类必须具有自由意志，才能在道德上负起责任。如果员工没有自由意志，不能做出自主性决定，那么迟到、早退或怠工等行为，不能说是员工的过失，也自然不应该给予责罚。康德认为大自然产生的物品，没有一件是虚设的、无计划的，没有一件可归之于大自然盲目的机械作用。人应当有自由，而人的自由实际上表现在自觉的行为上。我们能够有意识地制定目标，有目的地从事计划和准备，自动自发地执行，随时表现出高度改善意识，不断发掘问题、解决或化解问题，并且有效检讨与改进，这些都是有意识的自动行为。

四、人喜欢自主害怕自动

我们要去了解员工的行为,就必须把"喜欢自主,害怕自动"这八个字放在脑海里。

员工不可能完全听从命令,一切依组织的需要而行动。因为人有自觉,需要自主。喜欢自主、害怕自动是人性。

如果员工每次自动,结果都是挨骂、受罚,就会出现被动地服从却偷偷自主的不正常现象。员工表面上服从,暗地里自作主张,会造成管理上很多困扰。

是谁让人害怕自动的?追究起来,是人的意识。可见害怕自动,不敢自动,或者不愿意自动,都受到意志力控制。

自己决定要被动,他人很难逼使我们自动,顶多推一步动一步,还是被动。自己决定不自动,他人几乎毫无办法。自己决定要自动,马上就会自动起来,才是真正的自动。

第五节 用心来使彼此互动

一、自己的意识产生自动行为

员工自己有意识要把工作做好,称为自动自发。员工有心要做,就会产生自动行为。他人发号施令,对员工来说,已经是一种被动了。

作为一个主管,你要想办法让部属自动,而不是等他自动,天下没有等来的自动。上司希望部属自动,就应该动脑筋、想办法,最好不要发号施令。怎样促使部属自动自发?这是主管的重要任务。因为员工是不是乐于展现潜能将直接影响到成本。换句话说,在所有降低成本的行为中,人员的全心投入和全力表现是十分要紧的因素。全力以赴是降低成本的关键,也是絜矩之道的重大贡献。

中国人普遍不喜欢被管。我们重视絜矩之道,便是基于这种特殊需要。我们不明确说出来,也不明白表示,却能够通过心与心的感应把员工潜力开发出来。往昔我们只知道从外部施加压力，徒然引起无谓的抗拒，行之日久更失去效能。现在我们明白絜矩之道的现代化功能，当然要对员工的内心产生影响，使其形成内部压力，奋勇自动自发，产生无法抵挡的动力。

二、要用感觉的力量让他自动

絜矩之道就是将心比心，知己知彼。知己知彼，才有办法控制对方。我们说过不要控制对方，为什么又讲控制对方呢？其实控制有两种：一种是无形的，一种是有形的。西方人讲究有形的控制，中国人讲究无形的感应。

我们希望部属自动，上司最好以心交心，让心发挥感应的力量来激发部属自动。上司用心感，部属用心应，自然产生感应的力量。心的感应，才是上司激发部属内心产生自动的最大力量。人对自己内心发出的力量是不会抗拒的。人对自己的力量，往往认为是自己的意志力,喜欢顺着自己的意志力而形成自动。

要用感应的力量,让部属形成自动。这样,上司的力量就会变成部属的力量,也就实现了上司对部属无形的控制。前面说过,虚才能控实。感觉的力量是虚的,却能产生实的效果。使员工从心里想要自动表现,把工作做好,这难道不够实吗?

以心交心,首先要从关心着手。上司不关心部属,员工就不关心工作。上司只在乎工作,员工便只关心自己,以免被工作累坏。上司关心部属,若是不够真诚,部属很快就会觉察,从此彼此互不信任。主管关心部属,必须真诚,部属才会感动,而且以用心和全心来回报。上司不能存心要求部属在工作上做出回报。只要部属感觉到这样的存心,自然而然就怀疑上司的真诚。我们常说"有心栽花花不开,无心插柳柳成荫",道理是相通的。无心的感,才会引发良好的应;有心的感,其实已经不真诚,效果当然不好。

三、有感有应大家都乐于自动

不要直接发号施令,以免引起部属的抗拒或反感。上司最好改用提问题的方式,让部属自己去寻找答案。同时,上司让出更大的空间,给部属提供参与的机会。这样,上司逐渐退,部属逐渐进,部属由被动转为自动。上司和部属彼此有感有应,大家都乐于自动。

我是在29岁那年才有所觉悟的。因为我在28岁时就当了中学校长,是当时台湾最年轻的中学校长。可是我因为完全没有经验,一些事情根本不知道怎么处理。

有一天黄昏,我坐在校长室里,突然想起一件事情:既然我是学校的最高领导,为什么部属动不动就来问我事情怎么办,我一定要回答他呢?这时,正好有一个部属进来问我:"校长,这件事要怎么做?"我就站起来问他:"我是校长,我不问你就好了,你还问我呀!你说怎么办?"话一说出,我恍然大悟。

我不知道大家当老总时,是让部属天天来问你,还是你去问他?如果让部属天天问你,你就长不大了,整个人被烤焦了。总经理天天被"烤",所以焦头烂额。

此后,我越来越不累了。部属再来问我问题时,我只有一个回答:"你的看法怎么样?"他就开始自己寻找答案了。听完后我不会说"很好",而是继续问问题。我会说如果照你说的去做的话,经费够不够?人员够不够?时间够不够?你有没有把握?部属就完全自动了。对于部属的回答,我的结论是:照你说的去做,你自己要负责。其实我并不是完全没有责任,也不可能推卸责任,这样说只不过是想加强部属的责任感而已。

我经常发现,在回答部属的问题时,60%～70%的老总都会讲:"很好、很好,我也是这样的看法。"我劝大家千万不要这样做。因为这样部属就把所有责任都转移到你身上了,他再碰到什么问题,仍会过来跟你商量,要求你提供帮助。

要让部属自动,上司只有尊重他,问他问题。让对方自己去摸索,我们尽量提供相关信息和数据,帮助对方找到正确答案,就可以满足其自动、自主的心理需求。

四、不施加任何压力才算自动

人对外来压力总是有些抗拒,以免自己承受不了,伤害自己。要让对方自己产生压力,而不是我们对他施加压力。

下雨的时候,客户给某电脑公司打来电话,请求公司派人上门排除电脑故障。接电话的维护工程师对客户说外面下雨,不愿去。假如你是主管,怎么办?

这是一个很有意思的例子。在美国人的电脑公司,只要有客户打电话进来,要求提供维修服务,接电话的维护工程师只有两种选择:一是15分钟以后到达；二是回答说今天安排的工作任务已满，希望改天前往。

中国人也会这样吗？不会的。我们有第三种答案：问客户你们那边没有下雨吗？是不会直接说自己不愿去的。当一个工程师这样说的时候，他心里想的是：客户真没有良心，雨么大，还叫我去！

一般年轻主管会去骂维护工程师："你年纪轻轻的，就这么没有敬业精神吗？虽说雨下得大，但客户电脑坏了，你还是要去呀！怎么可以对客户这样讲呢？你这是什么工作态度？"

其实这样讲是没有用的。因为他也许会告诉你："报告主管，我这两天一直想找你，你人忙了。现在正好有这个机会，我告诉你，下个星期我不干了。"他辞职不干了，主管不仅没有劝说成功，反而越来越糟糕了。因为越有本事的人，越不愿意承受外界的压力，越不受气。

主管可以采用让员工自己产生压力的方法。维护工程师对客户说，你那边没有下雨吗？你就告诉他:"雨这么大,你不要去了。"他会讲:"雨是大了一点,但是客户的电脑坏了,一定很着急,我怎么可以不去呢?"你说:"你要去就等雨小一点再去吧!"他马上讲:"这雨不知道要下到什么时候,我现在就去!"你接着说:"要去的话,你小心一点。"他就马上去了。中国人是很奇怪的。

这就是借力使力,顺水推舟,员工就自动起来了。生活中,许多人走错了方向,搞得大家很吃力、很不愉快。

当然,也有另一种情况,在你说"雨下这么大,你就不要去了"之后,维护工程师说:"我本来就不想去。"这也不是不可能的。此时,主管要心平气和地问他为什么不想去。他也许会说:"这种客户,钱没有交,还到处讲我们公司的坏话,电脑坏了活该!"你就说:"这种情况,别说你不想去了,连我也不想去。"但是,讲完以后,你要对维护工程师讲:"如果是这种情形,换成你是客户的话,维护工程师来到你家里,你应该会很感动,会改变对我们的看法。如果我们不去,客户和我们的裂痕就会越来越大。"他认为你说得有点道理,就会去的。

一个有情绪的人,我们应先让他把情绪发泄出来,再心平气和地给他讲道理,他多半是比较容易接受的。否则,你讲什么道理都没有用。

如果他根本就不讲理,就是不去。主管也不用怕,回去坐在自己的办公桌旁,大声对司机说:"老王,把我的车子开到公司门口,这个客户很重要,我要自己去!"维护工程师一听,就会说:"你不是说不要去吗?你不要去,客户的情况我了解,还是我去吧!"他就去了。

要让人自动自发,我们必须从自己做起,不给他施加任何压力。

五、用心来感应是有效的途径

人性化管理应该是心连心、心交心,用此心感应彼心的过程。心的感应力看不见,摸不着,却实在有效。

部属以上司为表率,模仿上司的言行,便是有效的感应。上司体贴部属的苦衷,处处为部属着想,也是一种感应。彼此都用心,自然会心意相通,不致受到语言、文字的阻碍。多用心,少用言语;多以行为来表示,少耍弄嘴皮,才比较容易产生感应。

母亲节快到的时候,儿女都会问妈妈:"妈妈,母亲节快到了,我送你什么礼物好呢?"一般的妈妈都说不要,只要儿女乖就可以了。儿女如果没有用心来感应,母亲节没有送妈妈礼物,妈妈就会想:问了半天什么都没有送,你问这干什么!妈妈说不要了,只要乖就可以了,这是要儿女自动,该送什么赶快送。

很多做儿子的真的很傻。一位男士对我讲:"妈妈要什么都不告诉我,我怎么买东西给她?"我就去问他妈妈。我问她:"你的儿子问你,你要什么，你就干脆告诉他嘛！为什么不说呢？"她说："你杀了我，我也不会告诉他的。"我问她为什么，她说："如果我告诉儿子，我们这个房子太拥挤了，妈妈打算搬出去住，送我一套房子好了，他会受不了的。因为他目前没有这个能力。"我说："那你说不要，不是在为难他吗？"她说："不会的，只要儿子有心，只要用心，他一定知道妈妈需要什么。我不说是尊重他，让他斟酌自己的能力，表达他最大的心意就好了。"

我觉得中国人很高明，完全不会没有目的地推托。只要多用心，自然会心语相通。所谓"不明言"，就是要你用心的意思。

例如，老板告诉我这个客人很难得来，中午饭菜丰盛一点。我一定说好好好，是是是，我是不能自作主张的。过了十分钟，甚至半小时，我会对老板讲，我在某个餐厅订了一个房间，你觉得好不好？他说请客人在旁边饭馆就可以了，不必太浪费。用心就会发现，老板当着客人的面只能说把饭菜搞丰盛一点。你不能当场问他订哪里的餐厅,因为他当场没办法回答你。你要偷偷问他,他会偷偷告诉你,这时他才能讲清楚。所以部属要体贴上司的苦衷。

人与人之间要形成一种默契关系,因为没有默契,就很难做事。默契就是不讲话的契约,根本不用言语,但是有契约行为。你跟妈妈讲母亲节快到了,我送你点什么,妈妈说不用了,儿女乖就可以了。你说好,然后过两天,你说有一种内衣穿起来很保暖,已经订了一件,过两天送给她。妈妈说不要不要,她现在不需要。虽然你还没有买,却得到了妈妈实在的回答。多试几次,就会得到真正的答案。

现在人喜欢直来直去,这并不是良好的沟通方式。如果真有一天,妈妈对儿女们讲:"今年母亲节,你们每个人要送我 3000 元钱。"如果真是这样,你可能也不开心,因为妈妈好像不尊重你,把你当工具了。只有将心比心,多用心,多站在对方的立场上，才能找到对双方都很合适的东西。

六、最好由上级做好榜样

人怎么才会关心工作？怎么才会用心做事？其实就是一句话：上级希望部属有什么样的表现，就要在他面前做出同样的表现。上级要求服务人员对客人态度亲切，自己就要先对服务人员有礼貌。上级的行为像风，部属受到启发会产生草一般顺风摇摆的反应。上级先有至诚的爱心去关怀、爱惜部属，部属自然有所感觉。上级的感，如果是短暂的、一时的，部属也许没有什么反应，若是能够持之以恒，时间久了，部属必然有反应。布置一个安人的工作环境，大家和谐相处，良好的感应，自然持久有效。

上级做好榜样，部属自然跟进。所以上级希望部属有什么样的表现，自己就要做榜样。千万记住：以身作则和技术无关，和专业无关，只和态度息息相关。上级要在态度上做部属的表率。

在本事上是没办法做部属的表率的。技术一定是越基层的人越好,而不是越高层越好;理念却是越高层越深入,越基层越没有经验。

我们不赞成部属先对上级好,以免大家奉承、拍马,成为小人。我们建议上级先对部属好,关心、关怀、爱惜部属。我曾建议很多公司老板,在奖给部属物品的时候,不要拿自己喜欢的东西奖给他,也不能每次奖励部属都发钱。最聪明的人事部门在准备奖品时,都会去问被奖励的人,说他这次表现很好,公司准备送他价值2000元的奖品,问他想要什么。他也许会说想要一个电动剃须刀,公司就去准备了。这才是上司真正关心、关怀和爱惜部属,才是会奖惩。

第六节　絜矩之道五大要领

一、絜矩之道三阶段

絜矩之道可以分成三个阶段,必须掌握五大要领。要点如下:

(一)尊重制度。

制度是组织运作的先决条件,也是成员分工合作的基本规范。组织成员应共同以遵守制度为荣。

(二)配合现实。

我们在建立制度的时候,应该配合现实的需要,即使在制度建立以后,也应该采取将心比心的方式来适时修订典章制度,发挥持经达权的精神,以求制宜,获得安人的效果。

(三)制定行为公约。

制度必须成为组织成员的共识,使大家乐于执行,并且尽量减少例外,才能有效运作。孔子当年以文化来区分华夏和夷狄,而不是用血统来做标准。现代当然也可以采用这种方式，来共同订立行为公约：凡是遵照实施的，便是良好的组织成员，否则就应该对其规劝和教导，使其纳入正统。

除了上述三大阶段之外，还有以下两大要领。

（一）要领一：以身作则。

主管必须以身作则，做部属的良好榜样。

（二）要领二：审慎赏罚。

配合赏罚的时候，必须力求公正合理。

二、首先要尊重制度

任何组织，不论有形、无形，都有其制度。一般来说，管理往往是从建立制度开始的。一家公司随着发展壮大，会越来越趋向于制度化管理，这是没办法的事情。公司规模越来越大的时候，必须请制度来帮忙，靠"人盯人"的方法是行不通的。

制度就是大家共同遵守的规范。大家分工合作的目的是先把共同的事务管好，因此，制度就是共同事务的规矩。

但是,制度要产生功效,首先要被尊重,尤其是高层管理者更应该尊重制度。因为管理者对其自身所制定的典章制度,如果不予尊重,希望员工能对之尊重,实在是不可能的。

尊重制度就要将心比心,首先必须注意不可违反规定。在规定范围内将心比心,才不致违反规定。

大家心里有尊重制度的准备,一切先看制度怎么规定,再去合理应变,才比较有规矩。

三、其次应配合现实

制度是针对一般性、共同性的规定,现实中往往出现一些特殊性、个别性事实。制度要自然而不断生长,就必须配合现实环境与现实要求。

管理者不可明知道制度不能配合落实,却极力推翻现实来迁就制度,这种表面的"革新",到头来只形成若干"干扰",并无实际效果。

制度配合现实的时候,先想不要破坏规定,以免开恶例。站在不破坏规定的立场来持经达变,比较容易找到合理调整的方法。

要尽量减少例外,不得已才略做调整,最好动之以情,仍旧坚持合理合法。管理者调整、修订典章制度时,务必将心比心,切实站在各个阶层的立场想一想,唯有能为大家所接受的制度,才是切合现实的制度,才能产生预期效果。

四、上司要以身作则

良好的管理者,除了具备学识、经验、操守这三个条件外,最重要的,还是尊重制度。上司滥用权力,乱开恶例,对员工就是不良示范。上司应该以身作则,率先尊重制度,尽量减少例外,绝对不开恶例。

上司的一言一行会直接影响到部属的行为,所以上司必须做好榜样,形成良好的身教。身教重于言教,以身作则比说教有效。

上司常常用心，部属也会愈来愈用心。上司有感有应，部属也会愈来愈有良好的感应。

五、要订定行为公约

组织成员充分了解合理的行为，订定行为公约，主要包含下述四大原则：

第一，凡是对自己有利、对他人也有利的事情，大家尽量去做。

第二，凡是对别人有害、对自己无利的事情，绝对不做。

第三，凡是对别人有害、对自己有利的事情，务必不要去做。

第四，凡是对别人有利、对自己有害的事情，如果确有必要，应该勇敢承担起来，牺牲小我，成全大我。

组织成员，共同遵守行为公约，自然可以自动、自立。

六、配合以审慎赏罚

絜矩之道当然可以配合必要的赏罚,但赏罚有如一把刀,有刀刃也有刀背,必须审慎使用。

姜太公主张"赏贵大、罚贵小",是通过"多赏少罚"使员工表现自发性。职位高的人,人们自然会给他面子,但是职位低的人更需要被尊重。因此,在配合必要的赏罚时,务必做到以下四点:

第一,尽量多赏少罚。

第二,"赏贵小",由职位低的先赏起。先奖励官小的,不要老奖励官大的。

第三,"罚贵大",从职位高的先罚起。要先罚官大的,不要先罚官小的。

第四,赏罚要公正,力求有效。

奖励也要坚持以下三个原则:

第一,本职工作做得好,不可以奖励。这是员工应该做的工作,如果每个人本职工作做得好都要奖励,那就应该普遍发奖金了。

第二,没有争论的奖励要公开,有争论的奖励要私底下进行。凡是有争论的、大家愤愤不平的奖励,都是没必要公开的。凡是有具体事实、数据很明确的,就公开奖励;凡是大家很有意见的,就私底下奖励。

第三,奖励要尊重被奖励人的需求。要看他最想要的是什么,按照他的意愿去奖励。这样才是真正对人的尊重。

第六章

易知易行

M理论是符合人性的管理体系,主要在知常知变,抓住变化中的常理,而且易知易行,长久可用。我们研究M理论,看出变中之常,才能以不变应万变,立于不败之地。身处21世纪,大家共同研讨M理论,即知即行,发扬中华文化,应该是顺应时代潮流的明智之举。

第一节　M 理论合乎人性

一切都在变,只有人性从来不变。西方人常把习惯和人性混为一谈。孔子说:"性相近也,习相远也。"人的本性是很相近的,没有太大不同,所不同的是习惯。人的习惯是可以改变的,本性是很难移的。

一、人性原是可以塑染的

孔子认为人性可塑,近朱者赤,近墨者黑。这样教育才能发挥作用。人性是可以在后天的环境中塑染的。

一位主管或领导,一生最大的贡献就是培育出一批对社会有用的人；最重要的工作，就是提升员工的实力，并且给员工提供表现的机会，使员工在工作中持续进步，获得成就感。

我们小时候，要依赖父母才能生活；稍微长大后，要从老师身上学到一些东西，让自己慢慢成长；一切都准备好了，要参加工作，跟随主管或领导去开辟事业。因此，上司或主管要勤教严管，以身作则或以身作例，用心塑染员工，把员工塑染成公司所需要的人，才是培训的主要目的。

二、安宁是人生根本需求

人性的根本需求就是要安宁，人莫不求安。但"安"是单音字，中文不习惯用单音字，所以加上一个"宁"字，变成"安宁"。

我们在什么位置？该怎么表现？都要以安作为最高标准。能安，我们就去做；不能安，我们赶快调整。

安人之道符合人性的根本要求。管理者先把人安顿好，再讲其他的。所以我们把安人之道列为管理的最高目的。在西方的众多管理书中，没有一本书写到管理的目的是为了求安，它们只是从利益、效益、绩效的角度来谈事的处理与解决。因此西方人是以事为中心的。中国人是以人为中心的。

很少有企业会明确提出自己的目的就是赚钱。也没有一家五百强企业会告诉你，本企业的存在是为了赚钱，往往会宣称自己是为了提供给人类一个更方便、更快捷的效用，为了提升人类生活的品质，是为了致力于全球的幸福与和平。

孔子提出"修己安人"，管理就是修己安人的历程。管理者要从修己开始，先把人员安顿好，然后才考虑其他。每个人要先把自己管好，然后想办法去安别人。

一个人在公司里没事情可做时，会感觉到冷落，会不愉快；一个人有了事情可做时，假如是他不能负荷的，或者是根本不想做的，也会不愉快。

所以，管理者给部属安排工作的时候，要站在他们的立场来考虑。

我当领导时，对新进的员工，前三天是不会让他去工作的。会安排主管带他到每个地方去了解，让他对公司的整体业务有初步认识，这样他才知道所做的工作与别人有什么关系。然后我安排他先做三件事情，如果他做得很愉快，效果也很好，就再让他做另外三件事情，如果他仍做得很愉快，就继续给他增加工作。这样，他会每天工作得很愉快。

许多人做错了。新员工进来以后，主管就会交代他说："这堆工作是你的！"至于员工是否喜欢，是否有能力承担，完全不考虑。结果新员工就会在诸多工作里选：喜欢做的，他就去做；不喜欢做的，他根本不做。

人会记住自己喜欢做的事情，自然忘掉不想做的那部分。如果管理者不站在员工的立场考虑，把工作全部交给了员工，并在他不喜欢做时一味加以批评和指责，这就是不尊重人性。

人不安是一切管理问题的主因，人是管理的主体，不是管理的对象。天大，地大，人也大。人性的尊严是管理者应该重视的课题，不能使员工因为丧失尊严而不安。

三、人性要多求安而应变

中华民族为什么有这么悠久的历史？因为中华文化最大的特色是包容性非常强，不会排斥任何外来文化。我们虽然不断受到外来文化的挑战，但都能够很合理地应对，做到持经达变。我们的变是有原则的，接受外来文化的时候，会很妥善地把它安排在中华文化的架构里，而不是盲目地把外来文化放在自己头顶上，所以不会乱。

持经达变就是有一套不变的经，这个常道是不能变的。比如孝顺父母，有孝心，是绝对不能变的。

中国人其实一切事情都包含在《易经》的道理里。把《易经》的道理搞得一清二楚了，就对中国社会，包括整个世界都了如指掌、完全清楚。

做人比较了不起的办法就是有几个原则不会变，这样人家才有办法和你配合。中国人之间有默契，是因为"日久知人心"，大家相处久了以后，慢慢知道对方的原则是什么。而且中国人的原则是不说出来的，这样才会自留余地，大家彼此都安。

人性有常也有变，变是为了安，不是为了制造不安。依据常道而应变，才符合人性。有原则地应变，大家才能安。许多人是为了赶时髦而变，结果影响很坏。我以前读书的时候，衣着是很简单的，上学只有一件制服，每天早晨起来根本不用动脑筋，穿了制服就走了。现在有的小孩的衣服很多，结果每天起床后就不知道该穿什么衣服了。有位棒球名将，有一百多套西装，每次要出门时都很苦恼，不知道穿哪一套最合适，穿一件后看看不对，脱下来又换，结果衣服换了两个小时还出不了门，痛苦不堪。我们往往有种错觉，认为当生活充裕、有很多选择机会的时候，就会很快乐。其实并不是，很多人变得越来越困惑和不安了。

站在不变的立场来求变，才不会乱变。要不要变？就看是越变越安，还是越变越不安。如果越变越安，当然要变；越变越不安，就要小心了，因为变得越快，大家越痛苦，迟早会把自己搞垮的。

经权之道符合人性的需求。无论是一个人、一个家庭或者一家公司，先把经定下来，然后持经达变，才能以不变应万变。以不变应万变是中国人最高的管理智慧。管理者有原则地应变，才不致乱变，大家才会心安。

一家企业的经，就是企业文化。公司要把企业文化先定下来，不能说变就变，否则就是乱变。用不变的原则来应对万变的现象，随机应变，而变的效果如果使员工很安，公司很安，生意越来越兴旺，这样的变就是正确的。如果变的效果不是这样，就要赶快调整。要调整的不是原则，而是方法和措施。所以方法、方式和态度可以变，原则不能变，没有原则，就是乱变。

四、将心比心是人性需求

既然有所变有所不变才能获得安宁,变又是不可避免的事实,那么如何变才合理,便成为管理的关键。

要不要安?要不要变?是不变,还是稍微调整一下?归纳为四个字:将心比心,站在对方的角度来考虑问题。

各级管理者经常要反省和检讨,部属不高兴的时候,要先问自己:"我怎么弄得他这么不高兴?"而不是片面指责他。

各部门各有专业,各有所司,承担不一样的责任,所以各有立场。要打破本位的障碍,只有将心比心,站在对方立场来考虑,而不是生产部门的人站在生产部门的立场,销售部门的人站在销售部门的立场,这样是没办法配合的。

絜矩之道符合人性需求。上下左右都能够将心比心,不但沟通良好,而且容易协调,同心协力,应该可以达到预期目的。

实际上我们各人想各人的，很少去想别人。例如，生产部门急于更新设备，很热心地去访价，调查各种机器设备的性能，往往不会先和财务部门商量。这样做的结果是如果生产部门直接找到总经理，总经理一定要找财务部门，财务部门会觉得没有面子。财务主管心想："这么重大的事情，你不和我商量就直接找总经理，那让总经理直接给你钱好了，我这里没有钱！"这样生产部门的计划也行不通。

所以生产部门可以先和财务、采购部门甚至总经理秘书商量。在实际工作中，我们到底是先横向沟通，然后报告上级，还是先请示上级，再做横向沟通，要根据事情的性质而定，不能一概而论。

举个例子。如果人事部门经理准备给员工加薪20%，他先去和各部门经理沟通，然后再去报告总经理，说所有部门一致通过要加薪，总经理不拍桌子才怪。像买房子、国外旅游、加薪等事情，只有老总先点了头,大家才可以去商量。很多人很少琢磨这些事情,觉得自己好像到处挨骂,似乎上级很不讲理,其实不然。

五、人性喜欢简单明了

人生看起来复杂多变,其实有一个十分简单明了的机制,那就是自作自受。喜欢复杂的人,把简单的事情也复杂化;喜欢简明的人,会将复杂的事情简单化。

举个例子。许多老年人住酒店想去卫生间洗手的时候,发现水龙头不出水,转也不动,按也不动,自然弯腰去看到底是怎么回事,突然被喷得满脸都是水。洗手本来是件很简单的事,把水龙头一拧就可以了,却搞得这么复杂,这算什么变?这是工业设计乱变的结果。

管理者的应变,应该是简单的稍微复杂化,复杂的简单化,因此,约法三章成为最有效的方式。

我们把最重要的三点先提出来，符合人性喜欢简单明了的需求。

六、易知易行是人性需求

能知不能行，等于无知。把 M 理论弄得滚瓜烂熟，做不出来，又有何用？知而能行，才能在实践中检验 M 理论的可行性，进一步增进有效性。

人生贵在不断提升自我，M 理论帮助我们在工作职场中体认人性，发挥人性光辉。所以，我们要想实践 M 理论，第一步是老总要常常和部属沟通，建立共识。

老总最主要的工作是有事没事把第一级部属找来，给他提问题，看看他的反应，步调会不会一致。因为部门分工以后，能不能朝向一致的目标努力？这是值得我们重视的。

中国人分工很容易，合作起来很难。老总的责任是整合各方面力量，让大家步调保持一致，朝向共同目标。这要靠观念上的沟通，因为人是观念的动物，怎么想就会怎么做。能力是可以培养的，但如果观念不相同，就很难整合。所以，老总找部属沟通时，要先问一问大家理念统一与否，而不是能力强不强。

M 理论是易知易行的，但是难精，学起来很容易，要使用得精熟是很难的事情。因此，必须一帮人常常讨论，交换意见，在实际中检验基本理念，多多磨炼以求熟能生巧。我们在实践 M 理论时，也必须依照所处的实际环境做出合理调整，以求持经达变，将心比心，人我都安。

第二节　M 理论贵在实践

一、真正的管理功夫在行

中国哲学所乐的是道。孔子说："朝闻道，夕死可矣！"可见他把道看得十分要紧。道是要走的，走得出来路才会通。中国哲学重在实践，所以我们常问别人"你行不行"，很少问"你知不知"。"行"，就是走得通的意思。走不通，有知识又有什么用呢？

道是实践的，注重躬亲力行。西方重思辨，中国所要求的是实事求是的务实行为。说得多、做得少的人是不受欢迎的。真正受大家欢迎的人，是你做得到，大家也看到了。

《中庸》说："博学之，审问之，慎思之，明辨之，笃行之。"无论广博的学习、详细的求教，还是慎重的思考、明白的辨别、切实的力行，都需要在实际行动中完成。分析起来，有五个不同的过程，而真正的功夫只有一个"行"字。事实证明：再好的药，如果病人不按时服用，也是没有效用的。

管理是实践的。管理者理论学得再好，如果不能运用，亦是无济于事。管理者可以有许多想法，但是真正能付诸实施的决策,只能独一无二,这是管理者的最大难题,因为时间永不回头,必须当机立断。管理学者可以"为学问而学问",发挥孜孜不倦的专一精神,以造就高深的学术研究成果。管理者却不能不"为管理而学问",视管理理论为工具,用学术以改善管理,才是目的。

管理者躬亲实践若干管理理念,行之有效,有了无比的信心,建立管理信念,不断向前推进,才能日新又新。理论如果不能实践,那就是空谈,实践是要靠"功夫"的。功夫是一点一滴积累起来的。知识很重要,累积的经验也十分宝贵。我们平日多听、多看、多想,还要多检讨,才能积累经验,以备临时急用。

行的结果必须虚心检讨,务求下次行得更有功效。我们缺乏的正是这些,每次好像做完就没事了。依我看,中国人在管理的三个阶段中,最忽略的是检讨。

每做完一件事情,一定要有一个检讨。做得很好要检讨,做得不好,更要检讨。做得好,就要检讨为什么好;做得不好,就要检讨为什么不好。它们都是非常宝贵的资料,可以作为下一次改善的依据。

二、实践要以知识为基础

中国哲学重"行",但并不轻视"知"。我们尊重知识,追求知识,但是将重点放在能够运用上。因为仅有知识是没用的,最要紧的是以知识配合实际。因此,知、行的比重不同,但重视的程度是一样的。

孔子不耻下问,博学多闻,却否认自己为"多学而识之"的人,他的学习并非为了追求知识,而是在实际中应用知识。管理者做任何事都要先有个打算,然后着手去做。打算便是知,是行的基础。

知识必须用以造福人生,否则无价值。重视

行，唯恐行之不力；重视知，却不能不以天理良知的发扬为主，而以知识的获取为从。唯有如此，知识才能造福人生，不会危害大众。

管理者不能不求知，但在求得知识后，务须加以慎重思考，以明辨其是非，择其善者来施行，千万不可盲目引用。

孔子自谦没有知识，有人向他请教，他并不马上用知识来解答问题，只是从各方面来了解现行状况而予以启示。因为知识如果不能切合实际环境的需求，有时会导致"无心的罪过"，也是可能害人的。

无论修己还是安人，都贵在实践，无法空谈知识。不过，没有知识做基础的行，很可能是盲目的；失掉正确方向的行，也十分危险。有丰富知识的管理者至少在决策行事时，不致离经叛道，制造不安。

知可以辅助行，管理借求知以确立经营理念，进而建立行为准则。孔子自认无知，却承认"好学"是他的一大长处,他"敏以求之"的态度,正是管理者应该学习的。特别是现代知识爆炸,各种学术思想发展迅速,几乎一日千里,管理者"敏则有功",不敏便会落伍。求得知识之后,必须经过思考,千万不可囫囵吞枣,全盘引用。"学而不思则罔,思而不学则殆。"管理者学得一些知识,不假思索便立即效法应用,则将为知识所累。当然,管理者也不可不学,否则只靠自己思索而不以有关知识为参考,也相当危险。

孔子希望我们"知之为知之,不知为不知",唯有如此,才是真知。管理者不怕无知,何况无知足以引发同人的有知;管理者自以为什么都知道,部属只好以"不知道"来满足他的自尊心(或者虚荣心),结果一人以无知为有知,导致众人以有知为无知。管理者为学的效果,最主要是使自己不拘泥固执。庄子说:"大知闲闲,小知间间。"小知固然精细,却不及大知广博。如果处处以小知为是,便是一偏之见,管理者固执己见,容易以偏概全,造成沟通管道的闭塞。

管理者必须"学而不厌",认真求知,而求知的价值则在笃行。管理者学得知识以后,有机会就要努力实行,久而久之,习惯成自然,才真是令人喜悦的事情!学的目的,在"时习之",时常在实际中应用。孔子是实践主义者,主张用是否能行来考查求知的成绩,假若知而不能行,再好的知也不值得重视。

管理者要有清楚的头脑,了解中国的经营理念,以正确的知识为基础,努力实践。

三、坚持原则求合理应变

坚持原则的人,往往过分固执,不容易合理应变。善于应变的人,又不容易坚持原则,以至流于圆滑。我们必须既坚持原则又合理应变,这才是内方外圆的圆通。

一个人坚持原则到完全不能应变,就太方正

了。"君子可欺以其方",君子是很容易上当的,小人往往是很容易得逞,因为君子多半没有应变力,人家稍微骗一下,就信以为真了。一个人正直是很重要的。如果内心很正直,表现出来也很正直,就完全动弹不了,那有什么用呢?为什么历史上的好人死得早,小人很得意,是君子的过错。小人得志,是君子没有尽到责任的结果。好人往往斗不过坏人,他们有很好的志向,有很好的能力,最后都被小人害了。好人要学一套可以打败坏人的功夫。如果好人只是整天说:"我是好人,你们不能骗我,我很容易上当的;你们不能打我,我打不过你们的。"做这样的好人有什么用?社会进步是不能寄希望于这种好人的。

我们要坚持原则没有错,但是首先要外圆,然后才可以内方。没有外圆来保护,内方迟早会破碎不堪。

一个人不能不应变。但是,善于应变的人,多半很圆滑。中国人最讨厌的是圆滑,中国人只能圆通,一字之差,意思完全不同。坚持原则的时候,你可以圆通求变;当圆通求变的时候,你又不能忘掉原则。这是内方外圆的圆通,否则就是滑头。

中国人认为把事情做对,并不表示把事情做好,在对不对之上,还要看它做得美不美。中国管理的合理化根源在《中庸》所说的"发而中节"。

管理的效果最后表现在"和为贵"上,便是安人。组织内一片和谐,真正安人,自然公平合理,否则争争吵吵,派系林立,各不相让,彼此不安,就是不合理。

中国管理者重视传承,推崇"萧规曹随",对于以前的管理者赞扬备至,声称一切良好基础都是前人奠定,今人不过追随前人的脚步,向前推进而已。

我们效法先贤,其实也是此心理的扩大。人的"德""功""言"是否不朽,并非自己决定的,假若别人不认定,有德亦似无德,再大的功劳也被否定,再好的言论亦可能不被接纳。人必须活在他人心中,才是长久活着。

管理者标榜革新,必然要否定以往的种种是非,事情尚未进行,便已经制造了一大堆问题,增添了许多阻力和不平之怨。管理者诚恳表示保持原有的好处,并且感谢大家以往的努力,无形中赢得多数人的向心和信心,然后逐渐调整,由缓而急,可以减少许多无谓的困扰。中国人主张在"安定中求进步",是顾及整体而不仅求个人英雄表现的做法。凡是极力否定前人的努力,全力表现自己英雄作风的,都是作秀而非做事。

这种从旧传统开创新精神的做法,本身就是一种理念。继旧开新,正是持经达权的效果,每个人的努力都不会被否定,每个人的贡献都会被肯定,组织发展,人人与有荣焉,才是安人之道。

每个管理者多少都会有些不同看法,但从大体上看,大同小异。继旧开新就是保持大同的部分,改变小异,变的目的照样达成,和谐、安宁的气氛并未破坏,这是中国人变通(变而能通)的智慧。

四、圆融和谐效果才会好

管理是绩效与人际关系的乘积,不是二者之和。要圆融和谐,管理效果才会好;整天吵吵闹闹,就算很有本事,也是无法发挥功效的。

西方人重思辨,所以常常辩论,辩论赢了就很高兴,好像真的赢了一样。在中国,赢了就是输,输了就是赢。

霍元甲年轻时不懂得什么叫功夫,只要一出手,对方就死了。后来他知道了什么叫功夫,可以置人于死地的时候,他会留有一点余地。中国人最高的境界是什么?其实就是一句话:赢的人要装没赢,输的人要装没输。如果我们一出手就足以置对手于死地,但是我们点到为止,对手就知道自己输了。我们装着像没赢一样,他就不会怀恨在心,会感谢我们手下留情,但是他心里很清楚,自己还是稍差一点。这就是圆融和谐的最佳境界。圆融可以减少后遗症,和谐可以降低竞争心和紧张性,对长期合作伙伴来说十分重要。

对于同业竞争,有人说"商场如战场"。我是不太接受这种说法的,为什么商场一定如战场?难道同行之间一定要拼个你死我活吗?把同行拼光了以后,你自己也存活不了。留下一两个好的敌人,对我们是有利的。因为英雄和英雄之间会惺惺相惜,是不会互相残杀的。善于利用竞争对手来减少双方的死伤,才是真正会作战的人。

圆融是包容性,不要计较同事的所作所为,这样才能发挥潜移默化的功能。但是现在我们最计较的就是同事的所作所为,以至于一天到晚竞争,一天到晚紧张,一天到晚忙碌。

和谐不是"和稀泥","和稀泥"是没是没非,中国人最讨厌没是没非的人。我们听别人讲话时,要两边都听,只听一边,一定会是很糟糕的。和谐能够促使彼此一条心,各人发挥长处,不争功夺利,真心合作。取长补短,培养团结精神更要紧。唯有圆融和谐,才能长期合作。

第三节　M 理论大同小异

一、组织要在安定中求进步

现代人喜欢标新立异。特别是新闻媒体行业，普遍认为"狗咬人不算新闻，人咬狗才算新闻"。把旧的都看成是不好的，好像只有新的、奇的、罕有的，才算是好的。

安定和进步都是求安的必要条件。在安定中求进步，包含在进步中求安定，这是本立而道生的道理。若反过来说，在进步中求安定，往往会导致不安定。

安定的大目标是相同的、一致的。怎么才能安定，各个公司并不相同，不可一概而论。

员工有良好的反应，表示管理者的经营理念不但有实践的价值，而且有实践的效果。管理者最好审慎依据组织内外环境的变迁，随时做好合理调整，以求止于至善。绝不能抱着鲁莽心态，以免引起不安而妨碍进步。

如果从不安中求安,成本往往很大,最好预先避免。

二、实践的结果各有一套

经营理念大同小异,有"大同"才有"天下一家"的可能,有"小异"才能真正切合实际环境的变化而多姿多彩。内外环境各有不同,所以实践M理论的结果,必然大同小异,各有一套,就算是同业,两家公司也不可能完全相同。

一个人在这家工厂当厂长做得非常好,如果把他调到另外一个性质完全相同的工厂去,他的表现可能会很差。一个人成功,要几百个理由;一个人失败,只要一个理由。每个人都有不同的环境、背景、同事,才造就了不同的结果。

"人同此心,心同此理",是"大同"的基础,管理者所见略同,形成管理的普遍性。"人心不同,各如其面",则为"小异"的根源,管理者"运用之妙,存乎一心",因而产生管理的特殊性。

世界大同的意思,是大同小异,既非各自发展,亦非统一步调,乃变化中有统一,统一中有变化,合乎万变不离其宗的变化观念。

"小异"表示特殊性,是公司应有的特色。管理者的经营理念属于普遍性,而管理者所处的环境,为特殊情境;所接触的人物,为特殊人物;所处理的事,亦为特殊的事。于是一切抽象的经营理念落实到实际事务上,即在实践的层次上,必然是特殊性的。甲公司的情况与乙公司的情况未必相同,即使有同一理念,其表现方式也有不同。同一位管理者在处理类似的人事上,往往有其不同的表现,只要合乎情理,即合宜。

经营理念正确,才可以持经,否则经失其正,越持越糟。中国人常说:家家有本难念的经。为什么难念?各阶层管理者也各有其难念的经。经的沟通,方有共识可言。共识既然确定,就要持经达权,虽然各有一套,却必须殊途同归,以 M 理论为依据,成为各自考核、检讨的标准。

三、管理并无统一的模式

管理不必也不可能有统一的模式,用一定的方式来处理不同的事物,不免有所不合。勉强执着,即成削足适履,反而有害无利。管理是动态的,一切经营理念只是不变的经,当其实践时,就必须因应实际情境而有适当的权变。管理者持经达权,各有一套,叫作"不固而中"。

"中"也是不固定的,此一情况下的"中"换了另一种情况又不见得是"中",如果执着于某一情况的"中",把它当作放之四海而皆准的标准来因应一切情况,很可能造成"不中"的恶果。

我们一方面要"执中",一方面又要注意"中不可执",必须具备清楚而灵活的头脑,才能不待安排而得其"自然之中"。

凡事要顺乎自然，却不应该听其自然。

管理者必须坚持自己的经营理念，当这些理念落实为管理措施时，必须具有一定弹性，才不至于僵化而失效。实际情境既然不断变迁，管理措施也就随时有所调整，所以"不固而中"的结果，形成管理者的"各有一套"，乃理所当然，势所必然。

四、时刻不忘以人为根本

人员的成长才是公司长远发展、生生不息的保障。两千多年来，中国人一直以人为本。人活着，就有价值。人不是有了工作、有了贡献，才有生存价值的。在中国人的传统思想中，一个人活着，只要修养好且不伤天害理，不伤害别人，就有价值。所以，必要时要弃财保人，宁可吃亏一时，不能对不起人。

现在很多人盲目接受西方观念，视人犹物，把人当作资源看待，不再以道德的标准来衡量人，

"一切向钱看"。一名员工给公司带来利润就有价值,没有创造利润就没有价值。这种看法是不对的。管理者一生最了不起的成就应该是培训一些人才,带出可靠的部属,而且青出于蓝胜于蓝。因为人才辈出,社会才能进步,人类才有幸福的可能。人才可贵,绝非钱财能比。

五、最好有树状组织精神

实施 M 理论的第一步便是将金字塔的组织形态颠倒过来,赋予弹性,使其成为树状组织。实际上并没有改变或重组现行组织,只是在运作上采取"由根到枝叶"的方式,以促成组织欣欣向荣。

通常企业组织的形态,不论其为直线式、职能式、直线与幕僚式,乃至于近年流行的事业部门制或职能部门制,大多采用金字塔形结构,授权的流程是由上而下的。在这种组织气氛中,主管大事、小事一把抓,部属不论内心感受如何,总扮演唯唯诺诺的"奴才"角色，以至授权流于形式，参与仅限于表面，谈不上自动自主。即使有的主管十分愿意把责任赋予部属、真正授权也不容易获得对方的信赖。因为部属不敢确定主管的言行到底是出于真诚，还是虚情假意。

多年来，我们推行现代化管理，一再强调授权的重要与员工参与的价值，然而真正能够实现充分授权、充分鼓励员工参与的企业机构寥寥无几。我们习惯于指责员工懒惰、不负责任、以自我为中心、不愿改变现状、没有抱负，以此为管理者不相信员工、掌握大权、一切自己决定、多利用奖惩加强控制寻找借口，这实在是非常不公平的。

中国人是希望自动自主的，我们不能因为环境不允许他自动自主，便断然指称他没有这种欲求。如何改变组织气氛，鼓励员工自觉、自律、赋予自主，促使员工自动自发，不但是我们要极力倡导的，而且也是应多方尝试的。

中国人不轻易"为五斗米折腰"，施以金钱激励，他照拿不误，却又克制着不要为区区小钱拼命，以致人为财死。《史记·刺客列传》所载"士为知己者死"的故事，证明中国人一旦交出了心，就会竭智尽忠，赴汤蹈火，在所不惜。既要保命，又愿意为知己的明主拼命，这使得员工心里时时盘算着：这样的主管，值得为他鞠躬尽瘁吗？有位年轻朋友曾告诉我："我在工厂上班，经常看见水龙头没有关紧，空房间电灯未关，心里想把它关牢、熄掉，转念一想，老板并不关心我，我又何必多管闲事，当作没有看见算了！"

"良禽择木而栖，志士择人而事"，是中国员工甄选上司的写照。正如部属说得再天花乱坠，老板也未必相信一样，主管口头保证，反复说明，也不一定能够获得员工的信赖。中国人一方面接受上司如果礼待部属，部属就对上司忠心，等待上位的人先付出爱心，否则很容易被视为奉承、谄媚；一方面又深信"听了他的话，要等着看他能不能做到"，不肯轻易相信上司所说的话。要让中国员工肯干、能拼,最好的办法便是上司修己以获得员工的信赖,率先关怀部属,使他深切体认到"我可以放手去做,上司必定支持我"。

上司以支持部属放心去做的领导原则,让部属在规定范围内持经达权,做出合理的应变。许多人不愿意承担重责大任,结果由于"尽管放手去做"这类诺言衍生的信心而毅然决然答应了,便是最有力的证明。

在现代企业组织中,最好的保证即把整个组织系统颠倒过来:董事会是根部,置于组织的最底层;总经理是树干的基础,也就是露出地面的部分,各部门经理是树干的分权;由此延伸出树枝,形成各科室;而末梢的枝叶,便是操作员、业务员等员工。

这种中国传统的组织结构,与西方所谓"倒金字塔形"不同,因为它不那样刻板,随着实际需要有参差不等的发展,有如活生生的树木一般,该茂盛处茂盛,应枯萎时枯萎,我们称之为树状组织。树状组织是一种合乎自然法则的互依互赖结构,其特性有八点：

第一，组织形成互依互赖网，彼此息息相关，并非乌合的独立个体。

第二，树木的自然生态正是欣欣向荣的组织精神。

第三，该成长、发展的枝叶，自然茂盛。

第四，不能发展的枝叶，自然枯萎。

第五，根部（董事会）为基础，是一切生长的总源头。

第六，树干支撑树叶，使其充分发展，象征每一阶层的主管支持其所属成员放心去工作。

第七，从根部到枝叶，彼此互依互赖，没有本位主义，也不互扯后腿或彼此冲突、妨害。

第八，只要根部活着，春天来临就会复苏。经营理念正确，企业就可能永生。

中国的员工最希望主管支持他，放手让他去做事。主管不在场，员工会自吹自擂，形容主管如何相信他，如何让他自主，如何充分授权，又如何重视他的决定。中国的主管也喜欢支持部属,每当生起气来,便会嘲弄部属:"如果我不支持,看你还活得了多久!"拿树状组织精神印证一番,果然言之有理。

我们一再说明,并非真的把组织系统翻转过来,我们希望注入树木生长、茂盛的精神,发挥"树干不与树叶争绿"的"功成弗居"特性,凡是部属能做的工作,主管都不插手,尽量让他去开花结果。

上司把成就感让给员工,能够引起员工强烈的参与感,大家自然肯干也乐于把工作做好。唯有员工热心参与,自动自主,上司才能称心如意地推行组织所欲达成的任务,顺利完成预期的目标。

六、慎始善终求己安人安

己安人也安是管理的最终目的。为了达成这个目标,必须凡事力求慎始善终。慎始不一定善终,不慎始一定不善终。中国人常会告诉你,万事开头难,开始很难,要小心一点,要有整体规划,要方方面面都考虑到再启动。如果没有考虑成熟就抓紧时间做,那就是不慎始。

如何通过慎始善终来求己安人安呢?关键有四点:

第一,把每件事都当作大事看待,务求做得合理,与他人充分配合。

第二,德本才末是以人为本的基础,从甄选、礼聘人员开始,便重视德,结合品德修养良好的人士,大家志同道合,用心工作,才能真正以人为本。

第三,大家都明白"人心惟危、道心惟微"的道理,共同以"害人之心不可有,防人之心不可无"的警觉性来维持团体的安全,由小信而大信,预防人心产生不良变化。

第四,时常将心比心,站在对方的立场来思虑,包容不同的意见,尊重不同的立场,随时做出合理调整,管理的效果自然良好。

一个人常常记住慎始善终，然后人安己安。不要对自己要求太高，也不能放弃对自己的要求。要求自己每天有一点进步就可以了，不要把自己逼得无路可走。

结语

全世界的管理者,都应该具备"贤"和"能"两种条件。西方社会偏向于"能"的要求,主张能力本位,也就是"做不好就换人,有能力就应该出头"。西方现代管理强调市场、竞争与效益。中华民族自古以来,便借着天道的运行规律,来推知人道的伦理道德。以"贤"为根本,在"贤"人中推举"能"者,先考查伦理道德修养,再讲求知识和能力的表现。我们的管理重视以人为本,倡导互助合群、通力合作,形成一种共同创造、共同防卫的群体组织,并逐渐从族类生活产生种族文化,由共同信仰塑造宗族文化,自血缘关系形成伦理文化。

中华民族可以视同世界各民族的缩影。中道文化也是地球村必须借鉴的融合力量。在当前国际化、全球化、多元化的浪潮中,中道管理应该是中华民族在21世纪对人类的最大贡献。

英国历史学家汤恩比预言21世纪是中国人的世纪,用意即在唤醒世人,重视中华文化的包容性,在地球村中保持大同小异,以维持多元发展,确保各民族文化特性。中道管理便是合理化管理。全世界以合理为共同的追求目标,尊重各民族的不同合理标准,发挥小异的特色,使各地的本土化不致淹没在全球化浪潮中,即为共存共荣的大道。

多元化管理必须回归人性化的原点,才有可能异中求同,多中求一,符合全球化发展需求。中道管理思想把人性、道德和管理结合在一起,以人性为基准来引发道德行为,把管理的大道施展在世人眼前，自然会引起大家注目，共同营造光明的未来。

很多人面对人与事时，总是重事而轻人。现代人重视科学而忽视哲学，也是同样的心态。这种本末倒置、轻重失衡的现象，必须通过自觉和自省，从实践中逐渐体悟，要受到磨炼和挫折，才能深切体会到。

我们必须站在历史的平台上，正本清源，重新建立现代化管理思维，而不是盲目恢复其原貌，让自己陷入既往的迷失与错误中。唯有继旧开新，从中华道统中走出合乎现代需求的大道，才能在国际化、现代化、多元化的潮流中展现真正的实力，不但为中华民族，而且为全世界做出最重要的贡献。

21世纪的中国人必须责无旁贷、自告奋勇地站出来，由每个人的修身做起，用心把人做好。从独善其身着手，推向兼善天下，无私参与到"齐家、治国、平天下"的伟大事业中来。我们大可不必费心去管别人，每个人都先由自己做起，就不怕道德水平提升不起来，也不必担心中华文化解救不了人类社会。

M理论简单明了，真正实施起来，威力强大。合乎人性需求的中道管理，实际上已经超越时空的限制，放之世界而皆准，符合当今共同发展需要。实施的要领在于管理者的修养和被管理者的心态。管理者借助教育训练及良好的工作环境，促使员工自动向善，积极做出应有的贡献。大家主动把责任看成服务，和谐合作，以互助代替竞争。秉持絜矩之道，己所不欲，勿施于人，而且推己及人，凡事将心比心。伦理道德自然提升，修己安人的管理目标也必然很快实现。

中道管理的实施，有赖于观念的端正。让我们共同努力，并且拭目以待！

参考文献

1. 朱熹：《四书集注》，世界书局。
2. 陈立夫：《四书道贯》，世界书局。
3. 陈立夫：《人理学研究》，中华书局。
4. 梁启超：《儒家哲学》，中华书局。
5. 方东美：《中国人生哲学概论》，先知出版社。
6. 方东美：《科学哲学与人生》，黎明文化事业公司。
7. 唐君毅：《中国哲学原论》，学生书局。
8. 唐君毅：《中华文化之精神价值》，正中书局。
9. 牟宗三：《中国哲学十九讲》，学生书局。
10. 牟宗三：《政道与治道》，学生书局。

11. 牟宗三:《中国文化的省察》,联经出版事业公司。
12. 陈大齐:《孔子学说》,正中书局。
13. 陈大齐:《孟子待解录》,商务印书馆。
14. 陈大齐:《平凡的道德观》,中华书局。
15. 陈大齐:《论语臆解》,商务印书馆。
16. 钱穆:《中国历代政治得失》,东大图书公司。
17. 钱穆:《中国历史精神》,东大图书公司。
18. 钱穆:《从中国历史来看中国民族性及中国文化》,联经出版事业公司。
19. 谢扶雅:《伦理学新论》,商务印书馆。
20. 赖强:《大学新论》,商务印书馆。
21. 萨孟武:《儒家政论衍义》,东大图书公司。
22. 萧公权:《中国政治思想史》,联经出版事业公司。
23. 项退结:《中国民族性研究》,商务印书馆。
24. 项退结:《现代中国与形而上学》,黎明文化事业公司。

25. 郑德坤:《中国文化人类学》,华世出版社。
26. 邬昆如:《中外政治哲学之比较研究》,"中华文化复兴运动推行委员会"。
27. 张起钧:《老子哲学》,正中书局。
28. 黄公伟:《道家哲学系统探微》,新文丰出版公司。
29. 蒋维乔:《中国哲学史纲要》,中华书局。
30. 高怀民:《先秦易学史》,文津出版社。
31. 劳思光:《中国哲学史》,三民书局。
32. 吴森:《比较哲学与文化》,东大图书公司。
33. 杨懋春:《中国家庭与伦理》,"中华文化复兴运动推行委员会"。
34. 吴怡:《逍遥的庄子》,新天地书局。
35. 韦政通:《中国哲学思想批判》,水牛出版社。
36. 梁漱溟:《东西文化及其哲学》,里仁书局。
37. 曾仕强:《中国管理哲学》,东大图书公司。
38. 曾仕强:《中国的经营理念》,经济日报社。

注:以上参考书目均为台湾地区出版机构出版。